MELANIE REINHART

Die Hauptachsen im Horoskop

Standardwerke der Astrologie

MELANIE REINHART

Die Hauptachsen im Horoskop

Verankerung der Existenz

Aus dem Englischen
von Sabine Bends

CHIRON VERLAG

In liebevollem Andenken
an Richard Aisbitt

ISBN 3-925100-67-9

Deutsche Erstausgabe
Aus dem Englischen übersetzt von Sabine Bends
(c) der englischen Ausgabe CPA Press, London 1997
(c) der deutschen Ausgabe Chiron Verlag, Tübingen 2002
Umschlag: Walter Schneider
Druck: Offizin Chr. Scheufele, Stuttgart

Għal Swantje
Merħba Belinda

Zu beziehen durch den Buchhandel oder direkt beim
Chiron Verlag, Postfach 1250, D-72002 Tübingen
www.chironverlag.com

Inhalt

Dieses Seminar fand am 24. April 1996 im Regents College in London als Teil der Sommerkurse des Zentrums für Psychologische Astrologie statt.

Einleitung

Ich möchte zu Beginn einen Überblick geben. Zuerst werde ich ganz allgemein über die Hauptachsen, ihre symbolische Bedeutung und den astronomischen Hintergrund sprechen. Danach werden wir jedes der kardinalen Häuser einzeln betrachten. Dabei berücksichtige ich die verschiedenen Hemisphären des Horoskops, die Elemente und Qualitäten der Zeichen im jeweiligen Eckhaus sowie die Transite über die Kardinalpunkte. Sicher wissen die meisten von ihnen, dass gerade Transite über die Hauptachsen extrem wichtige Ereignisse im Leben eines Menschen hervorrufen können, besonders, wenn es sich um den Transit eines äußeren Planeten handelt. Ich will versuchen, den Schlussteil für eine geführte Imaginationsübung freizuhalten, in der sie das Gehörte mit ihrem eigenen Horoskop in Verbindung bringen können.

Überblick über die Symbolik

Betrachten wir zunächst einmal die symbolische Bedeutung der Hauptachsen. Ich habe hier einen Kompass, denn die Hauptachsen werden unter Zuhilfenahme von einigen sehr spezifischen astronomischen Zutaten berechnet. Hierzu möchte ich ein paar grundlegende technische Informationen geben und dachte, es wäre vielleicht ganz interessant, mit dem Kompass ein wenig zu experimentieren, indem wir uns auf eine ganz direkte und physische Art orientieren. Bevor wir dies jedoch tatsächlich tun, lassen sie mich erst einmal kurz den Unterschied zwischen dem Tierkreis und den Häusern wiederholen, deren Basis die vier kardinalen Häuser bilden.

Ich stelle mir den Tierkreis gern als eine Reise vor, die die Sonne bei ihrer jährlichen »Heldenrunde« auf ihrem scheinbaren Weg um die Erde zurücklegt. Außerdem bewegt sich das ganze System mit einer unglaublichen Geschwindigkeit durch den Weltraum! Aber weil der Tierkreis mit Koordinaten verankert ist, die sich auf die Erde beziehen, und weil in Wirklichkeit die Erde um die Sonne wandert, ist die Erde bei einer Betrachtung des Tierkreises immer mit einbezogen. Der Tierkreis ist also eine Möglichkeit, die Bewegung der Planeten in Bezug auf die Erde, also in Bezug auf uns, zu verankern und zu beschreiben.

Die Hauptachsen sind jedoch etwas ganz anderes und beziehen sich insbesondere auf die Zeit und den Ort unserer Geburt, also auf die tägliche Rotation der Erde um ihre eigene Achse. In gewisser Weise symbolisieren sie also auch unsere Gebundenheit an die Erde. Zum Glück sind die Hauptachsen immer gleich, aber wie sie wissen, gibt es eine Reihe von verschiedenen Häusersystemen, die entweder den Raum oder die Zeit einteilen und dabei unterschiedliche Koordinaten benutzen und zu unterschiedlichen Ergebnissen kommen. Ihnen allen ist jedoch gemeinsam, dass sie auf der Ekliptik abgetragen, also auf die Ekliptik projiziert werden. Ich dachte, es würde ihnen vielleicht Spaß machen, aufgrund dieser Informationen zu Beginn eine physische Orientierung zu erhalten.

Wenn wir uns eine Horoskopzeichnung vorstellen, ist es relativ einfach, die Aszendent/Deszendent-Achse als den Horizont zu verstehen. Damit habe ich keine Probleme, aber diejenigen, die sich an den Erdkundeunterricht in der Schule erinnern und daran, wie wir die Erdkugel betrachtet haben, werden sich entsinnen, dass der Nordpol meist oben ist, wenn auch manchmal leicht geneigt. Es liegt also nahe, an die Himmelsmitte als etwas »da oben« zu denken (direkt über unserem Kopf), und Norden ist auch »da oben«. Es handelt sich dabei um zwei völlig verschiedene Dinge, aber »oben« und »Norden« vermischen sich bei vielen von uns, wenn wir ein Horoskop betrachten. In unserer nördlichen Hemisphäre liegt die Himmelsmitte aber in Richtung Süden, und sie befindet sich ganz und gar nicht senkrecht über uns am Himmel. Astronomisch gesehen nennt man den Punkt »da oben« über sunserem Kopf den Zenit, der sich gegenüber dem Nadir befindet.

Die vier Hemisphären

Wir finden in einem Horoskop vier Hemisphären, die symbolisch für Mittag, Mitternacht, die Morgen- und die Abenddämmerung stehen. Zum einen teilt die Horizontlinie das Horoskop in eine untere und eine obere Hälfte. Sie trennt also die Welt des Tageslichts von der Nachtwelt unseres Lebens. Das können

11

wir uns leicht merken, und es kann sehr viel zu unserem Verständnis des Horoskops beitragen. Das heißt aber nicht, dass jemand, der mit allen Planeten in der unteren Horoskophälfte geboren wird, unsichtbar oder zutiefst introvertiert ist. Es bedeutet vielmehr, dass die Funktion der Innenschau und der Subjektivität in die untere Hälfte gehört. Dies ist der Teil der Erde »unter« uns, der im Dunkeln liegt, abgewandt vom Licht der Sonne, und der manchmal vom Mond erleuchtet wird.

In die Tageshälfte gehört die sogenannte objektive, offensichtliche, zugängliche Ebene, wie sie von der Sonne während der Tageslichtstunden erhellt wird. Wenn zum Beispiel jemand viele Planeten in der Tageshälfte des Horoskops hat, wird er sehr geschäftig sein und wahrscheinlich viele intensive Situationen von außen anziehen, selbst wenn es sich um einen eher introvertierten Menschen handelt. Das liegt daran, weil wir dort oben, vom 7. Haus angefangen, uns immer mit anderen Menschen und deren Gefühlen, mit äußeren Situationen, anderen Glaubenssystemen und der Welt als Ganzem beschäftigen. Planeten wirken anders, je nachdem, in welcher Hälfte sie stehen, und die Horizontlinie können wir uns sinnvollerweise als eine Achse des Bewusstseins vorstellen, des inneren Bewusstseins unten und des äußeren Bewusstseins oben.

Betrachten wir nun die östliche und die westliche Hemisphäre, die Morgen- und die Abenddämmerung. Spielen sie einfach einmal mit ihrem Vorstellungsvermögen und rufen sie sich einen Sonnenaufgang in Erinnerung, den sie irgendwann einmal gesehen haben. Dann stellen sie sich parallel dazu einen Sonnenuntergang vor. Achten sie darauf, ob sie ein Gefühl für den Unterschied in der Qualität des Lichts, der Energie und ihres Empfindens bekommen. Wenn sie sich nicht beides gleichzeitig vorstellen können, machen sie es ruhig nacheinander.

Für mich liegt im Sonnenaufgang immer eine Art Vorfreude, und der Aszendent ist der metaphorische Sonnenaufgang unserer Inkarnation in das Leben. Demzufolge entspricht der Deszendent dem Sonnenuntergang, wo wir einen ganzen Tageszyklus voller Erfahrung ruhen lassen, vielleicht am Ende eines arbeitsreichen Tages mit vielen Anregungen, viel Stress, viel Verantwortung. Die obere Hälfte ist wie die Reise der Sonne durch die Tageslichtstunden, an deren Ende am Deszendenten wir alles, was wir erfahren haben, eine Weile ruhen lassen. Im Sonnenuntergang liegt eine besinnliche Stimmung. Das ist der Zeitpunkt, an dem wir innehalten, uns umschauen und sehen, wohin der Impuls des Tages geführt hat, was er hervorgebracht hat. Die meisten von uns nehmen den täglichen Sonnenuntergang wahrscheinlich gar nicht wahr. Aber wenn wir ihn uns anschauen würden, dann wäre dies die Stimmung, die uns ergreifen würde. Die Sonne »geht auf«, aber die Nacht »senkt sich herab«. Es ist wie ein Loslassen. In Bezug auf die Horoskopzeichnung würde ich hier, an den Deszendenten, die Worte »Anpassungsfähigkeit«, »Reaktion« und »Konsequenzen« setzen. Dies sind lediglich Begriffe, die sie an Bilder und Vorgänge erinnern sollen, also nehmen sie diese nicht zu wörtlich.

Den Aszendenten würde ich mit den Begriffen »Freiheit« und »Initiative« bezeichnen. Die Morgendämmerung ist der Beginn. Darin liegt eine unglaubliche Freiheit. Der Anfang ist voller Potential. Wir wissen noch nicht, was passieren wird. Selbst wenn uns klar ist, dass wir dieses oder jenes erledigen müssen, haben wir keine Ahnung, wie der Tag in allen Einzelheiten ablaufen wird: die Freiheit und ihre Konsequenzen.

In einigen Büchern wird die östliche Hemisphäre als die Seite des freien Willens beschrieben, und die westliche als die Seite des Schicksals. Wenn wir diese beiden Begriffe einander gegenüberstellen, dann entsteht daraus irgendwie ein sehr festes und polarisiertes Konzept – der freie Wille einerseits und das Schicksal andererseits. Sie haben sicher schon bemerkt, dass ich versuche, genau dies zu vermeiden. Natürlich sind sowohl die Kunst, Folgen zu akzeptieren, als auch die Fähigkeit, auf Gegebenes zu reagieren, Eigenschaften, die wir der westlichen Hemisphäre zuschreiben. Es sind nützliche Zugänge, derer wir uns zu bedienen lernen sollten, wenn wir viele Planeten auf dieser

Seite des Horoskops stehen haben. Im Gegensatz dazu ist es in der östlichen Hemisphäre sehr wichtig, ein Gespür für den eigenen Willen, für Initiative und Freiheit zu entwickeln. Aber ich würde die beiden Ausprägungen nicht als extreme Gegensätze betrachten, eher als Ergänzung, als zwei Seiten des Ganzen.

Heiliger Raum

In vielen Naturreligionen ist die Ausrichtung auf die kardinalen Punkte – Norden, Süden, Osten und Westen – eine wichtige Voraussetzung für Rituale. Das Gleiche gilt für einige magische Traditionen. Die Art, wie dies geschieht, kann unterschiedlich sein, aber der Effekt ist immer derselbe: Gewöhnlicher Raum wird in heiligen Raum verwandelt. Auch Kirchen und andere Stätten der Verehrung sind normalerweise auf diese Art und Weise ausgerichtet und unterliegen einer heiligen Geometrie.[1] Und natürlich orientieren sich viele alte, heilige Stätten am Himmel, häufig an bestimmten Sternen oder Sternenkonstellationen.[2] Und genauso zeigen die Hauptachsen in unserem Horoskop und die daraus abgeleiteten Häuser, wo unser Potential liegt, die Energie, die Muster, die Talente und die Schwierigkeiten, aus denen unsere Lebensgeschichte besteht. Sie zeigen uns, wo und wie sie in unserem speziellen Fall in der dreidimensionalen Welt verankert sind, im heiligen Raum und in der Zeit unseres Lebens. Sie handeln von unserer jeweiligen Inkarnation.

Wenn wir die Achsen eines Horoskops im üblichen tragischen Stil in den Tierkreis eintragen, so dass alle Tierkreisgrade gleich verteilt sind und wir die Planeten und Häuserspitzen auf der Ekliptik kennzeichnen, erhalten wir nicht das gleiche visuelle Abbild dieser Symbolik, obwohl es natürlich ein genaueres Abbild der astronomischen Faktoren ist. Horoskope zeichne ich jedoch immer mit den beiden Hauptachsen genau senkrecht zueinander. So werde ich jedes Mal, wenn ich ein Horoskop betrachte, daran erinnert, worum es eigentlich geht, nämlich um unsere Inkarnation. Es ist genau dieser Teil der Materie (das Kreuz), der von dem individuellen spirituellen Impuls umschrieben wird, der wir sind (der Kreis). Es ist der Stoff des Lebens. Genau das ist die symbolische Bedeutung der Hauptachsen.

Betrachten sie eine Zeit lang ihr eigenes Horoskop und stellen sie es sich als eine Beschreibung des heiligen Raums ihres Lebens vor. Es ist ihr heiliger Raum mit allen vier Richtungen, die sich auf unterschiedliche Arten zum Ausdruck bringen können. In vielen Traditionen eröffnet man eine Bitte um Heilung, ein spezielles Gebet, in dem man um Führung bittet, den Ausdruck einer Verehrung oder eines feierlichen Anlasses mit dem Schaffen eines heiligen Raumes, ähnlich einem Altar. Aber es ist kein Altar, vor dem man niederkniet – es ist der Raum um uns herum, mit uns selbst mitten drin. Falls sie diese Vorstellung anspricht, könnten sie diese übernehmen und einen eigenen Ausdruck dafür finden. Suchen sie sich Gegenstände, basteln, sammeln oder kaufen sie sich Dinge, die an ihre eigenen vier kardinalen Häuserspitzen erinnern, und stellen sie diese an einem Ort auf, wo sie sich ihren heiligen Raum schaffen können, wenn sie ihn brauchen. Wenn sie kleine Gegenstände finden, können sie diese auch immer bei sich tragen und sie überall benutzen, wie einen Gebetsteppich, der einen heiligen Raum symbolisiert. Ich hoffe, ich kann mit diesem Vorschlag vermitteln, wie ich einen Teil der in den Hauptachsen enthaltenen Symbolik sehe. Die Hauptachsen sind wie Kette und Schuss, auf deren Basis unsere Lebensfäden gewoben werden, in die Dreidimensionalität, in Zeit und Raum hinein.

Die Elemente

Interessant ist auch die Symbolik der vier Elemente, die in den vier Kardinalpunkten steckt. Ich möchte jetzt keines der Symbolsysteme näher beschreiben, denn jeder Kulturkreis schreibt den vier Himmelsrichtungen unterschiedliche Bedeutungen zu, ordnet ihnen andere Farben und Tiere zu. Es gibt viele verschiedene traditionelle Zuordnungen, was teilweise an den unterschiedlichen geographischen Gegebenheiten und dem unterschiedlichen Klima liegt. Aber die Energien der vier Elemente sind Grundbestandteile der Manifestation in den meisten Systemen, mit Ausnahme des Fernen Ostens, wo fünf leicht unterschiedliche Elemente verwendet werden. Es ist jedoch sicher interessant, das eigene Horoskop einmal unter diesem Gesichtspunkt zu betrachten.

Wenn wir die Kardinalpunkte zuordnen, entspricht der Aszendent dem Osten, der Deszendent dem Westen, das MC dem Süden (auf der nördlichen Hemisphäre der Erde) und das IC dem Norden. Im Idealfall finden wir dann einen Repräsentanten eines jeden Elementes an einem der vier Kardinalpunkte, in der Praxis ist das jedoch nicht immer so, vor allem nicht in extremeren nördlichen oder südlichen Breiten, wo die Verzerrung größer wird. Je weiter entfernt vom Äquator wir geboren werden, um so wahrscheinlicher ist es, dass wir nur zwei Elemente an den Hauptachsen finden. Und das hängt dann auch noch von der Jahreszeit ab.

Bei einer Horoskopbetrachtung ist es sehr interessant, hierauf den ersten Blick zu richten. Überprüfen sie, ob alle Elemente an den Hauptachsen vertreten sind, und für den Fall, dass dies nicht so ist, welche fehlen. Dann schauen sie, ob die fehlenden Zwei auf andere Art vertreten sind. Denn falls dem nicht so ist, ist das ein Zeichen für ein Ungleichgewicht, das eine beherrschende Rolle im Leben der betreffenden Person spielen kann. Wie immer bei einem fehlenden Element, muss es auf irgendeine Weise in das Leben importiert werden – durch eine Beziehung, eine Gruppensituation oder einen Job. Dies kann auch durch Transite geschehen, die mit den gerade genannten Lebenssituationen in Verbindung stehen.

Wenn zum Beispiel alle vier Häuserspitzen nur mit Luft und Feuer besetzt sind, dann ist es wichtig, nach Erde und Wasser Ausschau zu halten. Falls die betreffende Person einige Planeten in Erde oder viele Planeten in Wasser hat, dann ist das ein wahrer Segen, aber es kann auch vorkommen, dass dem nicht so ist. Dann muss man weiter suchen, um diese elementaren Energien zu finden. In so einem Fall würde man sich Saturn, als die irdischste planetare Energie, näher ansehen. Oder wir würden schauen, ob Planeten in den anderen Erdhäusern stehen, dem 2. und dem 6. Haus. Das MC ist natürlich ohnehin der Beginn eines Erdhauses, da es die Spitze des 10. Hauses bildet, es sei denn wir benutzen äquale Häuser. Haben wir weder Wasser an einer der Hauptachsen, noch Planeten in Wasserzeichen, dann sollten wir auf die Stellung von Neptun und dem Mond achten, die beide zum Wasser gehören, und wir würden in die Wasserhäuser schauen, in das 8. und das 12. Wenn kein Feuer an der Spitze eines kardinalen Hauses steht und auch keine Planeten in Feuerzeichen, dann betrachten wir die Sonne, Mars, Jupiter und die beiden anderen Feuerhäuser, das 5. und das 9., näher. Entsprechend verfahren wir beim fehlenden Luftelement und schauen uns die Position von Merkur, Jupiter und Uranus sowie das 3. und das 11. Haus näher an.

Die Qualitäten

Genauso sinnvoll ist es, zu überprüfen, welche Qualität vorherrscht. Wenn die Hauptachsen ungefähr senkrecht zueinander stehen, also ein Quadrat bilden, dann wird nur eine Qualität an den Achsen vertreten sein. Es können aber auch zwei Qualitäten repräsentiert sein. Die kardinalen Zeichen Widder, Krebs, Waage und Steinbock sind die Generatoren einer bestimmten elementaren Energie, sie sind mächtige Initiatoren. Kardinale Zeichen an den Hauptachsen sorgen für eine gewisse Dynamik im Leben, für Konflikte und den Wunsch, etwas zu erreichen. Wenn das übrige Horoskop dieses Muster nicht unterstützt, kann das enorme Schwierigkeiten hervorrufen.

Teilnehmer: Können Sie dazu ein Beispiel geben?

Melanie: Hat jemand von Ihnen eine solche Konstellation?

Teilnehmer: Ja, ich habe Steinbock am Aszendenten, aber Sonne, Venus und Merkur stehen im 12. Haus. Ich fühle mich nicht unbedingt von dieser Welt, aber ich muss mich auf beruflicher Ebene immer wieder mit zahllosen Herausforderungen auseinander setzen, und fühle mich oft schwer beladen. Ich bin gern allein und lese, vor allem spirituelle und philosophische Literatur, aber ich werde anscheinend immer mehr mit der Welt konfrontiert als mir lieb ist!

Melanie: Wo steht Ihr Saturn?

Teilnehmer: Im 10. Haus in weiter Konjunktion zu Neptun, der sich im 9. Haus befindet. Das Leben fühlt sich manchmal einfach zu schnell und zu geschäftig für mich an.

Melanie: Ich glaube, das ist sehr anschaulich. Vielen Dank. Fixe Zeichen an den Kardinalpunkten schaffen Muster, die genauso sind, wie das Wort schon sagt: fest! Veränderung fällt schwer, aber man verfügt dafür vielleicht über große Stärke und Ausdauer. Das kann sich natürlich entsprechend langsam, schwerfällig und frustrierend anfühlen, wenn der Rest des Horoskops vorwiegend aus beweglichen oder sogar kardinalen Planeten besteht. Bewegliche Hauptachsen verleihen Flexibilität und die Fähigkeit, sich Veränderungen anzupassen. Aber wenn das übrige Horoskop hierzu einen Gegensatz bildet, kann das Schwierigkeiten mit sich bringen, wenn man sich verankern soll. Man neigt dann vielleicht dazu, sich wie ein Fähnchen im Wind zu drehen und sich allzu leicht von Umständen, Stimmungen und anderen Menschen beeinflussen zu lassen.

Teilnehmer: Ich habe die Achsen in beweglichen Zeichen, aber ansonsten herrschen die fixen Zeichen in meinem Horoskop vor. Ich habe immer das Gefühl, dass das Leben mehr Flexibilität von mir verlangt, als ich zu geben vermag.

Melanie: Und wie verhalten Sie sich?

Teilnehmer: Früher wurde ich trotzig und aufgebracht, aber ich merke, dass es mir hilft, wenn ich ein langsameres Tempo einlegen kann. Das geht zwar nicht immer, aber ich kann es zumindest versuchen.

Die »natürlichen« und individuellen Herrscher

Ich möchte noch auf die Abfolge der Planeten aufmerksam machen, die »natürlicherweise« über die vier kardinalen Häuser herrschen. Der Aszendent (AC) steht mit Widder in Beziehung, also herrscht hier Mars; das Immum Coeli (IC) hat einen Bezug zu Krebs, also herrscht hier der Mond; der Deszendent (DC) hat eine Beziehung zur Waage, also herrscht hier die Venus; und das Medium Coeli (MC) steht in Bezug zum Steinbock, also herrscht hier Saturn. Sehen Sie den Zusammenhang? Der Impuls (Mars) wird genährt und reift heran (Mond) und wird dann gesellschaftsfähig gemacht (Venus), damit er für die Welt von Nutzen ist (Saturn). Die ersten drei Herrscher sind persönliche Planeten, und das MC wird von Saturn beherrscht, der äußeren Grenze des inneren Sonnensystems. Keines der Zeichen hat einen transpersonalen Herrscher. Ich finde das sehr aussagekräftig. Es ist gerade so, als würden wir durch die Hauptachsen an unsere Inkarnation gebunden.

Teilnehmer: Was meinen Sie mit »transpersonalem« Herrscher?

Melanie: Skorpion, Wassermann und Fische werden nach dem neuen Herrschersystem von Pluto, Uranus und Neptun beherrscht. Dies sind alles äußere Planeten, das heißt, ihre Themen kreisen um etwas, das über das Individuum hinausgeht. Die Hauptachsen sind jedoch sehr spezifisch, sehr persönlich. Insofern ist es besonders interessant, sich die Abfolge der herrschenden Planeten der eigenen vier Eckhäuser anzuschauen, denn diese wird im Normalfall eine andere sein als die »natürliche«, es sei denn, man hat einen Widderaszendenten und Steinbock am MC. Die grundsätzliche Abfolge, die dort stattfinden will, bleibt meiner Ansicht nach jedoch immer gleich, und die Überlagerung durch die individuellen Herrscher kann uns zeigen, wie unsere persönlichen Prozesse sich mit der archetypischen Abfolge, wie sie von den »natürlichen« Herrschern beschrieben wird, vermischen.

Wenn jemand zum Beispiel Uranus im Radix in Konjunktion zum IC hat, dann hat derjenige es immer mit einem Überbleibsel von Unsicherheit zu tun, das aus dem ursprünglichen Familienleben resultiert, wo man vielleicht öfter umziehen musste oder wo die Familienstruktur durch eine Scheidung oder andere unvorhergesehene Ereignisse aufgebrochen wurde, die wahrscheinlich mit dem Vater im Zusammenhang stehen. Das kann dann zur Folge haben, dass es schwierig für den Betreffenden ist, sich genügend Zeit zuzugestehen und einen inneren Nährboden zu schaffen, um Ideen reifen zu lassen, sich auf neue Lebensphasen vorzubereiten usw. Positiv gesehen kann es auch bedeuten, dass man nicht lange zögert, aufzubrechen und voranzuschreiten, wenn Dinge auf einer emotionalen Ebene zu verworren werden oder wenn man mit zu vielen Ansprüchen konfrontiert wird.

Die Halbsumme aus AC und MC

Wenn wir die Distanz zwischen dem Aszendenten und der Himmelsmitte teilen, dann erhalten wir die direkte AC/MC-Halbsumme. Wenn wir dann alle Spannungsaspekte zu diesem Punkt berücksichtigen, dann erhalten wir die sogenannten »indirekten« Halbsummen. Diese Halbsumme ist ein sehr interessanter Punkt im Horoskop, wo sich sehr wichtige Themen manifestieren. Ein Planet, der dort steht, besonders auf der direkten Halbsumme, erfährt häufig eine starke Betonung im Leben dieses Menschen, auch wenn er ansonsten im Horoskop nicht so auffällt. Diese Halbsumme fällt meist in das 11. Haus, den Ort unserer Ideale und Wünsche, um zur Verbesserung der Gesellschaft beizutragen. Sie symbolisiert die tiefe Initiativkraft unseres Wesens, nämlich den Aszendenten kombiniert mit dem Ehrgeiz und dem Streben des MC.

Außerdem finde ich die Symbolik der AC/MC-Achse mit den angrenzenden Quadraten, die in die anderen Quadranten fallen, so schön, weil sie den Kreis in acht Teile unterteilt. In der christlichen Kirche gibt es acht Gebetsgruppen, die über den Tag verteilt aufgesagt werden. Sonnenaufgang, Sonnenuntergang, Mittag und Mitternacht sind solche Gebetszeiten, und dann gibt es auch noch Zeiten dazwischen, wenn ich auch vermute, dass diese Zeiten mittlerweile alle mit der Uhrzeit synchronisiert sind und nicht mehr mit den Himmelszeiten korrespondieren. Sie haben alle verschiedene Namen und wurden »Stunden« oder »Wachen« genannt. Ein Stundenbuch des Mittelalters enthält entsprechende Gebete, die man zu jedem dieser Zeitpunkte aufsagte, und das war eine Art und Weise, die Heiligkeit der verstreichenden Zeit anzuerkennen.

Es gibt auch einen starken Bezug der Zahl acht zur Sonne. Im vedischen System zum Beispiel heißt es, dass Surya, der Herr der Sonne, in einem achtspännigen Wagen über den Himmel reitet. Das Tier, das demzufolge häufig mit der Sonne in Verbindung gebracht wird, ist das Pferd. Und scheinbar benötigt das Licht der Sonne auch ungefähr acht Minuten, bis es uns auf der Erde erreicht![3] So wie die Sonne die Lichtquelle symbolisiert, die unser eigenes individuelles Zentrum bildet, das wir hier auf Erden reflektieren und verkörpern sollen, können wir hieran erkennen, dass das gleiche System der Achtfaltigkeit den Eckhäusern und der AC/MC-Halbsumme zugrunde liegt.

Eine Frage der Existenz

Wir können uns den vier kardinalen Häuserspitzen auch durch bestimmte Fragen nähern. Das ist besonders hilfreich, wenn wir uns in die Bedeutung der Häuser unseres eigenen Horoskops vertiefen wollen, aber es kann auch für das Horoskop eines Klienten nützlich sein. Es sind halbwegs rhetorische Fragen, die als Brennpunkt für die nähere Untersuchung dienen sollen und keineswegs einfache Antworten oder Definitionen liefern. Die vier fundamentalen Fragen, die uns die Existenz stellt, lauten:

Für den AC: »Wer bin ich?«

Für das IC: »Woher komme ich?«

Für den DC: »Wer bist du?«

Für das MC: »Wohin gehe ich?«

Bei der Fragestellung hinsichtlich des MC bin ich mir nicht ganz sicher. Die Ideen zu meinen Fragevorschlägen stammen teilweise von Dane Rudhyar.[4]

An den Hauptachsen werden uns diese »Existenzfragen« auf sehr eindringliche Art und Weise gestellt. Erinnern Sie sich auch an die Symbolik des Kreuzes im Kreis, als Ausdruck für die Manifestation? Denn je näher ein Planet an einer der Hauptachsen steht, umso wahrscheinlicher ist es, dass er sich extrem stark im Leben dieser Person bemerkbar macht, als eine Person oder eine Situation. Es ist kein Thema, um das wir uns drücken könnten, nichts, was im Hintergrund bleibt. Es ist ein starkes und mächtiges Thema, manchmal sehr unangenehm, manchmal sehr hilfreich, und es ist nützlich, ihm viel Aufmerksamkeit zu schenken, sei es im eigenen Horoskop oder dem eines Klienten. Denn durch dieses Bild der Manifestation tun wir entweder etwas, das ein Ereignis herbeiführt, oder es manifestiert sich ohne unser Zutun, als eine gegebene oder notwendige Entwicklung, manchmal auf eine wohltuende Art und Weise und manchmal eben nicht.

Teilnehmer: Wie wäre es mit »Was ist meine Verbindung?« für das MC?

Melanie: Ja, das gefällt mir. Vielen Dank. So, nun habe ich zum Abschluss noch ein Symbol, um das Gesamtbild zu vervollständigen.

Das alchimistische Bild

In der Alchimie gibt es einen Prozess, den wir »die Quadratur des Kreises« nennen. Es ist ein spezifisches alchimistisches Bild, das in den Schriften von C. G. Jung häufig auftaucht, in dem es darum geht, die Gesamtheit des Geistes in die »Quadratur« zu stecken. Die Zahl Vier bezieht sich auf die Manifestation, die Erde, etwas in Form zu bringen, etwas zu manifestieren und ihm ein Schicksal im realen Leben zu verleihen. Dem Bild der Quadratur des Kreises wird große Bedeutung beigemessen, wenn es im Traum auftaucht, weil es das Stadium bezeichnet, in dem etwas aus der Latenz gehoben und geboren wird, und so eine Form in der Welt erhält. Die »Rundheit« der Existenz im Mutterleib, aller Fluss und Instinkt werden, wie der Uroborus, zur »Quadratur« des Lebens in der Welt, mit seinen Polaritäten, Konflikten, seiner Dynamik.

In der Astrologie sagt man, dass das Symbol des Kreuzes für die Materie steht, während das Symbol des Kreises die Ganzheit des Geistes repräsentieren soll. Im Horoskop finden wir diese Symbolik wieder – der Kreis, in dem das Kreuz der zwei Hauptachsen enthalten ist. Wenn wir alle vier kardinalen Häuserspitzen miteinander verbinden, erhalten wir ein Quadrat.

Orientierung im Raum

Nachdem wir uns jetzt mit der grundlegenden Symbolik beschäftigt haben, würde ich dies gern vertiefen und erweitern, indem wir uns der zugrunde liegenden Astronomie zuwenden. Und zwar in Form eines Experiments – dies könnte auch total chaotisch werden, also seien Sie vorgewarnt! Ich möchte Sie alle bitten, jetzt aufzustehen.[5]

Der erste Vertikalkreis

Laut Kompass ist Norden dort drüben, also drehen Sie sich jetzt so, dass Sie in Richtung Norden schauen. Ich möchte, dass Sie Ihre Arme zu beiden Seiten ausstrecken und so mit Ihrem Körper eine geometrische Ebene bilden. Mithilfe Ihres Körpers und Ihrer ausgestreckten Arme schaffen Sie eine Verbindungslinie von Osten nach Westen und schauen in Richtung Norden, während Süden hinter Ihrem Rücken liegt.

Halten Sie einen Augenblick inne, stimmen Sie sich darauf ein und lassen Sie sich etwas Zeit, um dafür ein Gespür zu bekommen. Haben Sie das? Osten liegt zu Ihrer Rechten, Westen zu Ihrer linken Seite. Okay? So, das ist jetzt keine Scherzfrage – erinnert sich irgendjemand von Ihnen an den Namen der Linie, die wir hier darstellen? Sie befinden sich jetzt physisch gesehen in einer vertikalen Ebene, und mit den ausgestreckten Armen beschreiben Sie gerade den ersten Vertikalkreis, den Ost-West-Großkreis.

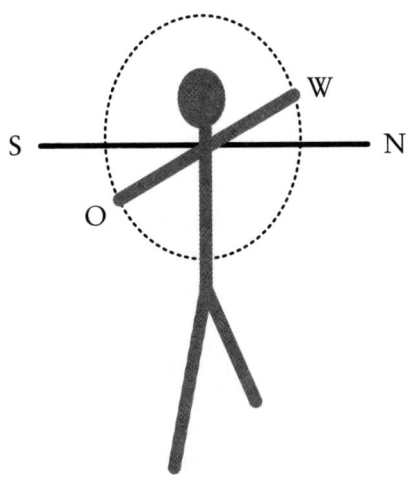

Abbildung 1: Der erste Vertikalkreis

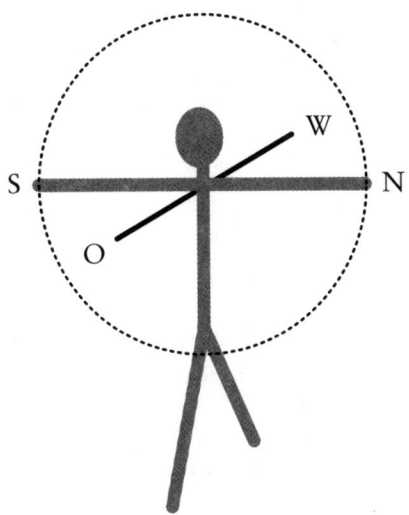

Abbildung 2: Der Meridian

Der Meridian

Ruhen Sie ihre Arme einen Moment aus, wenn Sie müde werden, denn gleich kommt noch eine Position! Drehen Sie sich nun in Richtung Osten und machen Sie wieder das Gleiche wie vorhin – strecken Sie die Arme aus und bilden eine Ebene mit ihrem Körper. Norden ist links von Ihnen, Süden rechts.

Kennt jemand von Ihnen die Bezeichnung für diese Ebene? Es ist die Nord-Süd-Ebene, der Nord-Süd-Großkreis. Vielleicht wollen Sie diesen Kreis mit Ihren Armen nachzeichnen. Diesen Großkreis nennen wir Meridian. Ich habe ein paar Diagramme dabei, die wir uns später anschauen können, aber für den Moment soll es uns genügen, ein Gefühl dafür zu bekommen. Sie stehen jetzt auf der Erdoberfläche und beschreiben diese Nord-Süd-Linie mithilfe Ihres Köpers. Sie können sich vielleicht vorstellen, dass Sie das Universum in zwei Hälften teilen, in zwei Hemisphären, und Ihr Körper bildet die Nord-Süd-Linie.

Wenn Sie möchten, können Sie ein bisschen experimentieren. Bewegen Sie sich aus dem ersten Vertikalkreis in den Meridian und umgekehrt. Versuchen Sie es einmal mit geschlossenen Augen, wenn Sie das möchten. Das hilft wahrscheinlich dabei, die Achse im Körper zu spüren anstatt sie mit den Augen zu erfahren, die sich doch wieder am Raum orientieren. Bekommen Sie ein Gespür für die Sphäre, in der Sie stehen und die von Ihrem Körper erst in Ost-West-Richtung und dann in Nord-Süd-Richtung gebildet wird.

Der wahre Horizont

Noch etwas! Als nächstes versuchen Sie bitte, ein Gespür für die imaginäre Ebene zu bekommen, die sich parallel zum Boden befindet, ungefähr in Höhe Ihrer Taille. Sie können diese Ebene mit Ihren Armen nachzeichnen, um eine klarere Vorstellung von ihr zu bekommen. Jetzt stellen Sie sich vor, diese Ebene sei eine hauchdünne Scheibe, die Sie umgibt. Stellen Sie sich vor, dass diese Ebene nach unten absinkt bis sie beim Erdmittelpunkt angekommen ist. Sie können auch selbst nachhelfen und sie mit Ihren Händen nach unten drücken und dabei spüren, wie dieser Großkreis tiefer und tiefer sinkt. Er heißt wahrer Horizont und ist der Horizont, den wir auf den Schaubildern sehen werden.

Welche Eindrücke hatten Sie, als Sie merkten, wie diese Ebene, der wahre Horizont, sich langsam bis zum Erdmittelpunkt absenkte? Wie hat es sich angefühlt, zu merken, dass es Nacht ist unter diesem Horizont, auch wenn wir das nicht direkt sehen können?

Teilnehmer: Es ist lustig, dass Sie das sagen, denn als die Ebene sich nach unten wegbewegte, konnte ich vor meinem inneren Auge meine Beine sehen und bekam das Gefühl, geerdet zu werden.

Melanie: Was haben Sie am IC?

Teilnehmer: Das Zeichen Krebs, aber keine Planeten in der Nähe.

Melanie: Krebs ist zwar ein Wasserzeichen, aber es wird vom Mond beherrscht, der wiederum sehr eng mit der Erde verbunden ist; dieses Zeichen verfügt außerdem über gute Schutzinstinkte, die für das Leben auf der Erde notwendig sind, wie zum Beispiel Sicherheit, Nahrung und Fürsorge. Außerdem geht es am IC um die Verwurzelung, wie wir noch sehen werden, und sein »natürlicher« Herrscher ist der Mond.

Teilnehmer: Ich habe genau das Gegenteil empfunden. Als der Horizont um mich herum war, habe ich mich geborgen gefühlt.

Melanie: Was haben Sie am IC?

Teilnehmer: Neptun.

Melanie: Neptun ist eine grenzenlose Energie, wässrig und haltlos.

Teilnehmer: Wenn wir so stehen, dann ist doch der Zenit direkt über uns und der Nadir direkt unter uns, nicht das IC, oder?

Melanie: Ja, das ist richtig. Das ist genau das Dilemma, das sich stellt, wenn man ein 3-D-System auf ein Blatt Papier transponiert! Vorausgesetzt, wir wissen, dass beides nicht das Gleiche ist, können wir aus dieser Überschneidung die relevante Symbolik herausfiltern und an das IC als »unter uns« denken, so wie der Nadir. In der Astrologie können wir die Welt der Tatsachen und die Welt der Intuition miteinander verbinden, aber es ist trotzdem wichtig zu wissen, was was ist!

Teilnehmer: Ich habe mich ganz seltsam gefühlt. Ich kam mir eher vor wie eine senkrechte Achse, die durch die Erdmitte geht, nach unten und noch oben. Ein Teil von mir befand sich im Erdzentrum und weiter drunter, und das Gegenstück dazu ragte in den Weltraum zu den Sternen.

Melanie: Wir werden das Gespräch fortsetzen, wenn wir auf das MC zu sprechen kommen. Vorerst denken Sie daran, dass das MC nicht das Gleiche ist wie der Zenit, aber auch einen Anteil an der Symbolik der über uns stehenden Sonne hat. Wenn wir so da stehen wie jetzt, mit unseren Köpfen geradewegs in Richtung Zenit, dann zeigen wir auf Sterne, die sich nicht auf der Ekliptik befinden.

Teilnehmer: Ich frage mich, warum es »wahrer Horizont« heißt?

Melanie: Dieser Begriff unterscheidet ihn vom sogenannten topozentrischen oder scheinbaren Horizont. Hier stehe ich in London, auf 51° 32' nördlicher Breite. Der Horizont um mich herum ist geneigt. Er beschreibt einen kleinen Kreis, den scheinbaren Horizont. Bei dem wahren Horizont hingegen handelt es sich um einen sogenannten »Großkreis«, und alle Großkreise werden so genannt, weil sie ihren Mittelpunkt in der Erdmitte haben. Nur ein kleiner Kreis kann den scheinbaren Horizont bilden, und das ist der Grund, warum der andere wahrer Horizont heißt.

Was ist mit der östlichen und westlichen Hemisphäre des Horoskops? Wie war es für Sie, Ihr Universum auf diese Art zu halbieren? Hat es sich anders angefühlt? Ich sehe heftiges Nicken – haben Sie Lust zu versuchen, das in Worte zu fassen?

Teilnehmer: Ich hatte ein ausgeprägtes Empfinden von Frieden, als ich nach Westen schaute.

Melanie: Haben Sie Planeten am DC?

Teilnehmer: Nein, die Planeten bei mir sind überwiegend in der anderen Hemisphäre.

Melanie: Können Sie dieses Gefühl mit Ihrem Horoskop in Verbindung bringen?

Teilnehmer: Nun, das ist mein einziges Eckhaus in einem Erdzeichen.

Melanie: Das ist interessant. Ich komme später noch einmal auf dieses spezielle Thema zurück. Wenn Sie die Übung als Ganzes betrachten, haben Sie dann das Gefühl bekommen, sich in einer Kugel zu befinden, die Sie in vier Halbkugeln unterteilt haben?

Teilnehmer: Ja.

Melanie: Wie hat sich das angefühlt?

Teilnehmer: Es war ein unmittelbares Gefühl von Raum.

Teilnehmer: Ich habe mich gefühlt, als wäre ich jetzt erst richtig hier angekommen.

Melanie: Das Stadtleben oder Autobahnfahren, mit unseren Stadtplänen und Landkarten, ist ganz interessant. Die meisten von uns haben wahrscheinlich keinerlei Vorstellung davon, wo Norden, Süden, Osten und Westen eigentlich sind. Als ich mich auf heute vorbereitet habe, kam mir die Idee, den Kompass mitzubringen, denn ich merkte, dass ich keine Ahnung hatte, wo die Himmelsrichtungen in diesem Raum liegen! Früher, und bis zu einem gewissen Grad auch heute noch, wurden Schiffe mit Hilfe der Sterne navigiert, und das ist auch ein sehr hilfreiches Bild für die Bedeutung der Hauptachsen – die Navigationspunkte unseres Lebens. Diese zwei Achsen bilden unsere vierseitige Ausrichtung im Leben, sie stehen für das, was uns in dieser Inkarnation verankert, sie beschreiben und umschreiben den Ort, durch den wir am Kosmos teilnehmen. Sie sind unser metaphorischer Norden, Süden, Osten und Westen.

Nachdem wir das geschafft haben, möchte ich Ihnen ein paar Folien zeigen, und hoffe, dass die physische Orientierungsübung von vorhin das Verständnis der Diagramme erleichtert.

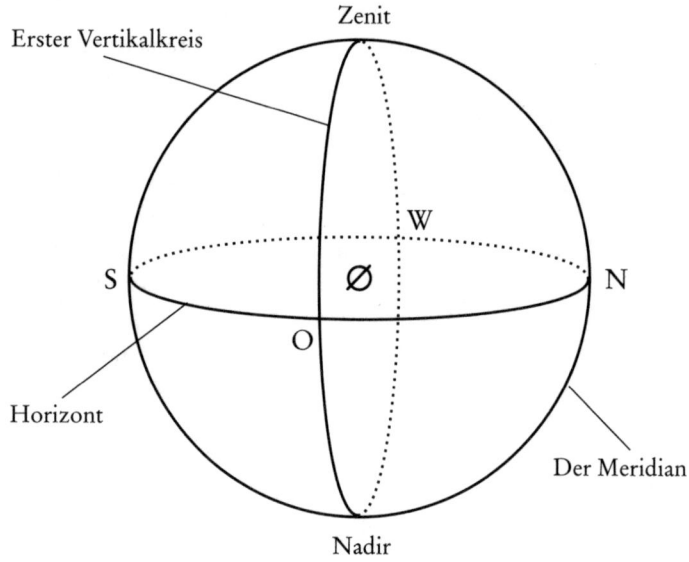

Abbildung 3: Horizont System

Das Horizontsystem

Hier haben wir ein ganz einfaches Diagramm der Himmelskugel. Wissen Sie alle, was es darstellt? In der Mitte sehen Sie die
Erde, und das Ganze ist ein Blick aus der Vogelperspektive auf
die Kugel, die entstehen würde, wenn wir den Raum um die
Erde herum ausdehnen würden. Diese dreidimensionale Darstellung kann anfangs etwas verwirrend sein, aber haben Sie
Geduld! Dieses Diagramm zeigt lediglich das Horizontsystem,
das wir vorhin auf verschiedenen Ebenen körperlich erkundet
haben. Die horizontale Ellipse, die Sie sehen – der wahre Horizont – ist natürlich in Wirklichkeit ein Kreis. Er entspricht dem
Kreis, den wir eben beschrieben haben, indem wir ihn nach
unten drückten.

Die vertikale Ellipse steht für den ersten Vertikalkreis. Als wir

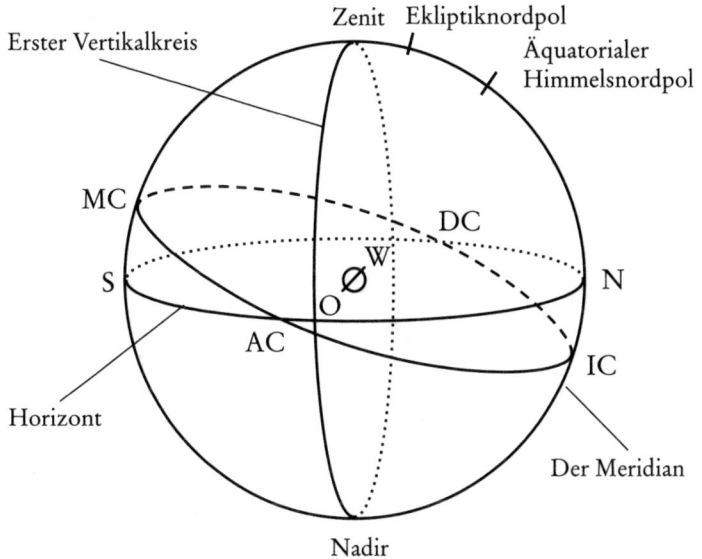

Abbildung 4: Die Ekliptik

nach Süden geschaut haben und die Kugel mit Hilfe unseres Körpers und unserer ausgestreckten Arme in eine Ost- und eine Westhälfte geteilt haben, war es diese Linie, die wir gezogen haben – den ersten Vertikalkreis. Die Linie ganz außen herum ist der Meridian. Ihn haben wir gebildet, als wir nach Westen geschaut haben und unser Körper die Nord-Süd-Verbindungsachse gebildet hat. Beide stehen senkrecht zum Horizont.

Die Ekliptik

Hier haben wir jetzt ein anderes Schaubild, im Grunde das Gleiche, aber es zeigt noch einen weiteren Kreis. Hier sind wieder der erste Vertikalkreis und die Horizontlinien, beide gepunktet, und hier ist auch der Meridian, ganz außen herum, eine

31

durchgehende Linie. Die gestrichelte Linie ist die Ekliptik. Sie zeigt den scheinbaren Lauf der Planeten, inklusive der Sonne, um die Erde; sie ist ein ungefähr 16° breites Band. Alle Planeten bewegen sich auf diesem Gürtel, mit Ausnahme von Pluto, der sich sehr weit südlich oder nördlich von der Ekliptik befinden kann.

Mit anderen Worten, wenn wir uns wieder physisch im Raum orientieren und Sie mit dem Gesicht nach Süden stehen, ist der Punkt namens Zenit immer direkt über Ihnen, über Ihrem Kopf. Der Nadir ist im Gegenzug dazu der Punkt durch die Erde bis zur anderen Seite, also direkt unter Ihrem Standort. Ich erwähne das hier, weil manchmal das Wort Nadir gleichbedeutend mit IC benutzt wird, wenn es um die Hauptachsen geht, und das ist nicht richtig. Genauso ist die Himmelsmitte nicht mit dem Zenit gleichzusetzen, es sei denn, man befindet sich in den Tropen, wo die Sonne mittags exakt senkrecht über uns steht. Je weiter wir nach Norden gehen, also mit zunehmendem Breitengrad, desto größer wird die Abweichung.

Wenn ich mich also jetzt wieder auf meinen körperlichen Standpunkt besinne, dann befindet sich der Zenit genau über mir. Das nächste kann ich wahrscheinlich nicht nachspielen, ohne umzufallen, aber wenn ich mich so schräg hinstellen würde, in den Winkel geneigt, in dessen Richtung meine Arme zeigen und wo wir hoffentlich heute Mittag die Sonne sehen, dann würde ich auf der Ekliptik liegen. Ich wäre dann auf einer Linie mit dem Bereich des Himmels, wo sich die Planeten tatsächlich bewegen und wo auch die Tierkreis-Sternbilder stehen. Das ist also die Darstellung auf diesem zweiten Diagramm – anders ausgedrückt, das Diagramm zeigt den Unterschied zwischen dem Horizont und der Ekliptik. Hilft Ihnen das, ein physisches Empfinden dafür zu bekommen, wie das alles zusammenhängt?

MC/IC und AC/DC

Sehen Sie die Markierung für die zwei Eckhäuser, das MC und den AC sowie ihr jeweiliges Gegenstück? Der AC und die Himmelsmitte entstehen durch Schnittpunkte des Horizonts bzw. des Meridians mit der Ekliptik. Ich hoffe, das ist soweit klar.

Schauen Sie sich die Ekliptik noch einmal an. Sehen Sie den Punkt des AC? Von diesem Punkt ausgehend ist die Ekliptik in zwölf gleich große Segmente eingeteilt, die Tierkreiszeichen in ihrer Abfolge. Wenn das hier also ein Horoskop mit einem Widder-AC wäre, um es einfach zu machen, und der Horoskopeigner die Sonne im Krebs stehen hätte, wo ungefähr würde sich dann die Sonne auf dieser Linie befinden?

Teilnehmer: Irgendwo rechts, in der Nähe des IC.

Melanie: Ja, genau.

Ich hoffe, es hat Ihnen Spaß gemacht. Ich muss gestehen, dass diese Körperübungen für mich der einzige Weg waren, diese Dinge zu lernen, die mir ansonsten einfach zu abstrakt waren. Dabei sind sie natürlich in Wirklichkeit ganz und gar nicht abstrakt, denn sie spiegeln die grundlegende Physik unserer Orientierung auf der Erde und im Kosmos wider. Ich finde es trotzdem nützlich, mich an das tatsächliche Gefühl zu erinnern, wie die Himmelskugel sphärisch aufgeteilt ist. Denn diese Himmelskugel haben wir uns gerade angeschaut, und Sie können das in jedem guten Astronomiebuch nachlesen. Aber wenn wir das auch körperlich erfahren, dann können wir diese Kugel, diese Sphäre metaphorisch als unsere »Lebenssphäre« empfinden. Wir benutzen ja zum Beispiel auch den Ausdruck der »Privatsphäre« für unseren ganz persönlichen Lebensraum.

Nachdem wir jetzt die Diagramme betrachtet haben und wir auch quasi aus erster Hand das Dilemma erfahren haben, eine dreidimensionale Rauminformation in ein flaches zweidimensionales Diagramm übertragen zu müssen, möchte ich die vier Hemisphären eines Horoskops noch einmal wiederholen. Wer von Ihnen ein gutes räumliches Vorstellungsvermögen hat,

kann sich vorstellen, dieses flache Horoskop in den Kreis ein-
zufügen, der durch die Ekliptiklinie in unserem zweiten Diagramm definiert wird. Dann haben Sie den AC links, so wie wir,
und alle anderen Punkte sind auch an ihrem richtigen Platz –
das ist Ihnen vielleicht vertrauter!

Der Aszendent – Wer bin ich?

Nachdem wir uns jetzt symbolisch und physisch im Raum orientiert haben, wollen wir uns jedem der vier Eckhäuser einzeln zuwenden. Während wir sie durchgehen, werde ich die verschiedenen Ausdrucksebenen thematisieren. Zum Ersten haben wir die externe, körperliche und auf die Umwelt bezogene Ebene. Zum Zweiten die personenbezügliche und psychologische Ebene und zum Dritten die tief innerliche, metaphorische oder auch spirituelle Ebene. Lasst uns mit dem Aszendenten (AC) beginnen.

Die Geburt und darüber hinaus

Weil die Hauptachsen in Beziehung zum genauen Ort und der Zeit der Geburt stehen, bezeichnet unser Aszendent den Anfang, im wörtlichen Sinne die Geburt. Er trennt das große »Vorher« vom großen »Danach«, das Ende des zwölften vom Anfang des ersten Hauses. Wir werden später noch auf die Thematik des zwölften Hauses zurückkommen, aber lassen Sie uns zuerst einmal den AC als Beginn des ersten Hauses betrachten. Der Tierkreiszeichengrad am AC geht zusammen mit uns auf, so wie jeder Planet in der Nähe, und begleitet so unsere physische Ankunft auf der Erde. Der AC mit all seinen Aspekten und der Stand des Aszendentenherrschers geben sehr häufig Auskunft über die tatsächlichen körperlichen Umstände bei der

Geburt. Und das können wir zuweilen erstaunlich wörtlich nehmen. Dieses Bild kann Ihnen eine Vorstellung davon geben, welche Art von Anfang das Horoskop einer bestimmten Person symbolisiert. Und vielleicht kennen Sie den Ausspruch: »Wie der Anfang, so der Verlauf«? Das ist das Bild für die Zone um den Aszendenten. Er symbolisiert die physische Art unseres Eintritts in die Welt, aus dem Zustand im Mutterleib des zwölften Hauses heraus.

Dies setzt sich dann in der Art fort, wie wir Dinge generell beginnen, wie wir Neues initiieren. Dabei kann es sich um Kleinigkeiten handeln, wie zum Beispiel, das erste Gefühl, das wir morgens haben. Schütze am Aszendenten fühlt sich zum Tagesbeginn wahrscheinlich ganz anders als Steinbock am Aszendenten. Schütze steht wahrscheinlich auf, macht sofort das Radio an, springt aus dem Bett und macht fünfzig Liegestütze. Da liegt ein Gefühl der Erwartung, des Optimismus und der Freude im Beginn neuer Tätigkeiten. Wenn jedoch Saturn der Herrscher des AC ist, könnte man gewissermaßen unwillig sein, in die Gänge zu kommen. Dahinter kann bei näherer Untersuchung ein starkes Gefühl der Angst liegen. »Oh nein, schon wieder ein Tag! Oh je, welche Bürden werde ich heute wieder zu tragen haben?« Oder vielleicht steht der Steinbock auch auf und wendet sich sofort seinen Aufgaben und Pflichten zu, indem er zum Beispiel die Rechnungen noch vor dem Frühstück öffnet! Zwillinge am Aszendenten hängt morgens vielleicht als erstes am Telefon oder schaltet eine Talkshow im Fernsehen an!

Ich übertreibe hier ein bisschen, aber ich denke, Sie bekommen eine Vorstellung davon, was ich meine. Der Aszendent bezieht sich sowohl unmittelbar auf den Beginn von Dingen als auch auf die großen Lebensübergänge: neue Entwicklungsstadien persönlichen Wachstums, neue Beziehungen, neue große Projekte. Obwohl unsere Geburt der größte Lebensübergang ist, bis wir sterben, können wir nicht einfach so sagen, dass die Geburt die unwiderrufliche Grundlage im Verborgenen ist, die die Grundstimmung für den Rest unseres Lebens bildet. Natürlich steckt ein Stückchen Wahrheit darin, aber ich glaube, es ist notwendig, unser Verständnis von Kausalität auf diesen Gebieten zu erweitern. Dennoch ist es zuweilen ganz hilfreich, etwas über die Geburt zu wissen, weil es häufig vorkommt, dass Menschen die Umstände zum Zeitpunkt ihrer Geburt wiederholen, wenn sie selbst etwas Neuem »Leben schenken«. Dabei kann es sich um eine tatsächliche Schwangerschaft handeln, aber auch um eine symbolische, wie z.B. diesen Kurs hier zu beginnen und damit der eigenen Zukunft als professioneller Astrologe das Leben schenken zu wollen.

Der Aszendent ist ein Ort der Initiative, des Impulses in Richtung dessen, was noch ungeformt ist, aber von sehr tief innen kommt. Es scheint fast so, als hinge es von der Ausrichtung des eigenen Impulses ab, wie hoch die Wahrscheinlichkeit ist, ein materielles Ergebnis im Sinne einer Geburt zu erzielen. Falls Sie darüber bislang noch nicht nachgedacht haben, kann ich Ihnen nur versichern, dass es der Mühe wert ist. Wer diesen Gedanken weiter verfolgen möchte, sollte Stanislav Grof lesen. Er hat einige Bücher geschrieben, von denen ich vor allem Geburt, Tod und Transzendenz[6] empfehlen kann. Grof hat außerordentliche Pionierleistungen auf dem Forschungsgebiet der Geburt vollbracht, die er die »perinatale Matrix« nennt. Ursprünglich war seine Arbeit ein Forschungsprojekt in den frühen Tagen nach der Entdeckung von LSD, bevor es zu einer illegalen Droge wurde. Er war Psychiater und arbeitete zu der Zeit in der Tschechoslowakei, wo Menschen mit geistiger Erkrankung in klinischen Versuchsreihen bestimmte Dosen LSD verabreicht wurden. Er erzielte außerordentliche Ergebnisse bei einigen seiner Patienten (er war zu diesem Zeitpunkt hauptsächlich Freudianisch ausgebildet), die er sich einfach nicht erklären konnte. Letztendlich musste er sein gesamtes bisheriges Verständnis der Psyche auf den Kopf stellen und neu definieren, indem er sein komplettes Material aus dem Bereich Geburt miteinbezog. Er hat die verschiedenen Stadien der Geburt beschrieben und die unterschiedlichen Bewusstseinszustände, die damit in Verbindung stehen. Für uns Astrologen haben diese Stadien wiederum einen Bezug zur Thematik der äußeren Planeten einschließlich Saturn.

Wir kommen durch einen Kampf auf Leben und Tod zur Welt, den wir Geburt nennen. Selbst eine relativ unkomplizierte Geburt ist für Mutter und Kind mit Gefahr verbunden. Diese Verletzlichkeit hat sich uns eingeprägt, und zwar am AC. Dies ist also unser Ausgangspunkt für die Reise, in deren Verlauf wir uns einen Namen in der Welt machen wollen. Entweder drängen wir selbst in die Welt hinaus oder wir werden in die Welt hinaus gedrängt – beides ist möglich.

Dieses Verhalten kann dann relevant werden, wenn jemand Transite über den Aszendenten hat. Jeder Transit über diesen Punkt ist wie eine Mini-Geburt und kann in der Spannbreite der Erfahrung von einem recht kurzen, vorübergehenden Erlebnis bis zu einem Ereignis reichen, das unser Leben für immer verändert. Falls es sich dabei um Mars oder Venus handelt, kann der Prozess innerhalb von einer Woche vorbei sein, wenn es sich aber um einen langsameren Planeten handelt – jeder der äußeren Planeten ab Saturn – dann kann es ein sehr langer Übergang werden, der Monate oder sogar Jahre dauert, wie im Fall von Neptun und Pluto.

Ein gewisses Verständnis für dieses Geschehen zu haben, kann unglaublich hilfreich sein, weil es eine Möglichkeit bietet, Erfahrung aufzunehmen. Erfahrung geschieht ja nicht nur physisch, sondern sie ist auch eine Metapher für den Aszendenten – die Prägung für all unsere Neuanfänge. Sie kennen den Ausdruck aus der Computerwelt (obwohl er natürlich ursprünglich woanders herkommt) – »What you see is what you get«?[7] Dieses Phänomen bringe ich auch mit dem Aszendenten in Verbindung, denn unsere Sicht der Welt wird zuallererst von unserer Ankunft in dieser Welt geprägt. Mit anderen Worten, ist dies ein feindliches Universum? Müssen Sie um Ihr Überleben kämpfen? Sind Sie willkommen in dieser Welt oder nicht? Ist sie interessant? Ist sie bedrückend? Bekommen Sie, was Sie brauchen? All das sind fundamentale Begleitfragen, die je nach den Umständen unserer Ankunft tiefe Prägungen in uns hinterlassen. Aus astrologischer Sicht können wir unsere Ankunft allerdings auch als etwas sehen, das den Aszendenten widerspiegelt. Es handelt sich also um eine Situation, die wir von zwei Seiten betrachten können und die wieder einmal die Frage aufwirft, was zuerst da war, die Henne oder das Ei!

Die Henne oder das Ei

Teilnehmer: Was meinten Sie eben damit, als Sie sagten, wir müssten unser Verständnis von Kausalität erweitern?

Melanie: Die Frage nach der Kausalität eröffnet ein enormes Betrachtungsfeld, das ich zu komprimieren versuche. Ich meine damit die Betrachtungsweise von »Ursache und Wirkung« in unserem Denken im Allgemeinen und in der Therapie im Besonderen. Wenn Sie humpeln, weil Sie sich durch einen Unfall eine Verletzung am Bein zugezogen hast, dann sieht das wie eine recht einfache Abfolge von Ursache und Wirkung aus. Wenn Sie jedoch ein wenig tiefer gehen, sehen Sie vielleicht, dass die »Ursache« für den Unfall z.B. unsichtbarer Druck und Stress waren, die auf Ihnen und den Menschen in Ihrer Umgebung gelastet haben, und diese Ursachen werden eigentlich immer unergründlicher, je tiefer man forscht.

An der Oberfläche finden wir vielleicht persönliche Themen, aber je tiefer wir graben, desto unpersönlicher werden sie. Unser Verstand will unbedingt einen Grund für alles finden, aber ein Teil des Problems ist, dass Kausalität mit Schuldgefühlen verbunden ist. Und wenn wir dann scheinbar eine Ursache gefunden haben, stecken wir fest. Wenn wir in therapeutischer Behandlung sind, besteht eine weitere Gefahr darin, dass unser Verstand glaubt, das Ei des Kolumbus, den Grund allen Leidens gefunden zu haben, den man nur auflösen muss und dann sind wir frei. Ich glaube, dass die tiefer gehende Art von Kausalität von den dichteren Ebenen des Verstandes überhaupt nicht begriffen werden kann. Das Newton'sche Denken funktioniert eben am besten in der externen Realität, wenn es mechanische Vorgänge beschreibt. Die Bereiche der Psyche werden unser mechanisches Denken jedoch immer wieder durcheinander bringen!

Denken Sie einmal darüber nach – wie kommt es, dass der Aszendent die Geburt beschreibt? Ruft die Geburt den Aszendenten hervor, mit all seinen Verbindungen zum restlichen Horoskop, oder ist der Aszendent die Ursache für die Geburt? Oder anders ausgedrückt, macht die Erfahrung aus uns diejenigen, die wir sind, oder findet die unsichtbare »Form« dessen, was wir in uns tragen, sozusagen der Samen des Werdens, Ausdruck in der Art und Weise unserer Geburt? Das ist wie die Rätselfrage, wer zuerst da war, die Henne oder das Ei. Und Sie können daraus sehen, wie trügerisch diese Art zu denken sein kann, wenn sie sich mit Bewertung verbindet. Dann sind nämlich »schlechte« Erfahrungen »meine Schuld« – nicht einfach nur Schwierigkeiten, mit denen ich umgehen muss, Verhaltensweisen, die ich anpassen muss, oder Vorgänge, die geschehen, sondern Indikatoren für meine »Schlechtigkeit«.

Wie begeben Sie sich nun auf Ihre Lebensreise? Gehen Sie freiwillig los oder werden Sie unter Geschrei und Gestrampel herausgezogen? Ich habe ja das Bild der Henne und des Eis schon erwähnt. Howard Sasportas sagte einmal, wenn wir alle Hühner wären, dann würde der Aszendent im Grunde unsere Art symbolisieren, wie wir uns unseren Weg aus dem Ei picken! Er hatte ein paar witzige Beispiele, von denen ich Ihnen einfach einige nennen muss. Zum Beispiel sagte er, wenn jemand einen Skorpion-Aszendenten hat, dann ist das Aufpicken der Eierschale ein Drama auf Leben und Tod. Wenn man einen Löwe-Aszendenten hat, dann muss man das tollste Küken weit und breit sein, und man kommt nicht heraus, bevor kein erwartungsvolles Publikum bereitsteht. Mit Zwillinge am Aszendenten kommt man piepsend aus dem Ei und schaut sich neugierig um. Mit Steinbock am AC dauert es ewig und ist sehr schwierig. Und so geht es weiter und weiter ... Sie könnten sich Ihre eigene »Ei-Geschichte« für Ihren Aszendenten ausdenken!

Es handelt sich also um die Art, wie wir schlüpfen – vielleicht ist das die richtige Formulierung! Der Aszendent sagt etwas über unsere ursprüngliche Wirkung auf die Welt aus, und die Wirkung der Welt auf uns. Denken Sie an Ihre Geburt zurück. So hat die Welt in einem ersten Eindruck auf Sie gewirkt, als Sie sich von Ihrer Mutter getrennt haben. In diesem Sinne symbolisiert der Aszendent auch die Art, wie wir diesen ersten Eindruck verarbeiten. Denken Sie nochmals an den Skorpion-Aszendenten. Wenn man die Welt als einen unsicheren Ort erlebt, oder wenn die Geburt schwierig war und man beinahe gestorben wäre, dann trägt man die Prägung, dass die Welt gefährlich ist. Und was wird man dann tun, um dem entgegenzuwirken? Jeder von uns?

Teilnehmer: Sich schützen.

Teilnehmer: Unsichtbar bleiben, misstrauisch sein.

Teilnehmer: Sich nicht auf andere verlassen, selbst sehr stark werden.

Melanie: Genau. Mit dem Aszendenten kann also in einigen Fällen eine kompensatorische Qualität verbunden sein, wo er so etwas wie eine Persona, eine Maske wird, eine Rolle, die wir absichtlich einnehmen. Manchmal tun wir das vielleicht auch völlig unbewusst.

Weil der Aszendent das bezeichnet, was wir einbringen, steht er auch für das, was wir dort draußen sehen, wenn wir uns andere Menschen und die Gesellschaft anschauen. »What you see is what you get«. Und so suchen und finden wir, absichtlich oder unabsichtlich, die Erfahrungen, die den Aszendenten reflektieren. Ich glaube, das könnte der Grund dafür sein, warum einige Autoren den Aszendenten als die Seele oder die Reise der Seele beschreiben. Er ist nicht das Gleiche wie ein Planet. Er ist nicht wie das Sonnen- oder Mondzeichen, und dennoch zeigt uns der Aszendent etwas ganz Wesentliches über die Art unserer Lebensreise. Wenn wir einen Stier-Aszendenten haben, dann befinden wir uns auf jeden Fall auf einer Stier-Reise, gleichgültig, wo unsere Planeten stehen. Der Aszendent beschreibt unseren ersten Schwellenübergang, die Art und Weise, wie wir unsere Suche beginnen, und die Straße, auf der wir reisen. Und wenn Sie sich beständig selbst die Frage stellen, wer die Reise eigentlich arrangiert, dann werden Sie mit einigen sehr tiefen Schichten Ihres Wesens in Verbindung kommen.

Die physische Erscheinung

Es wird auch gesagt, dass der Aszendent für die körperliche Gesamterscheinung steht, und man liest manchmal in älteren Büchern, dass der Aszendent unseren Körper symbolisiert. Ich glaube, das ist nur die halbe Wahrheit, da starke körperliche Merkmale auch dominante Planetenthemen ausdrücken können. Vielleicht ist der Aszendent mehr der Impuls, der sich verkörpern möchte. Bei bestimmten Menschen zeigt er sich jedoch wirklich sehr klar auf der Ebene des Körpers und des Verhaltens.

Ich habe zuweilen Horoskope für Klienten erstellt, deren Aszendent sich in den ersten oder letzten Graden eines Zeichens befindet, und wo man sich der Geburtszeit nicht völlig sicher sein kann. Wenn solche Klienten zur Beratung kommen, ist ihr ganzes Verhalten manchmal so eindeutig dem einen oder anderen Zeichen zuzuordnen, dass man keinerlei Zweifel darüber hat, welches Zeichen denn nun tatsächlich am Aszendenten steht. Dann gibt es andere Menschen, wo das längst nicht so klar ist. Es ist sehr nützlich, sich mit den physischen Beschreibungen der Aszendenten vertraut zu machen, obwohl nicht viele Astrologiebücher sich mit diesem Thema beschäftigen. Ich habe einige sehr gute und prägnante Beschreibungen in Vivien Robsons Buch A Student's Textbook of Astrology[8] gefunden.

Mir fällt gerade das Beispiel eines Mannes ein, dessen AC laut seiner Geburtszeitangabe auf 29° Zwillinge lag. Als er dann aber zur Beratung kam, zeigte sich, dass sowohl sein ganzes Gesicht als auch sein Körpertypus eindeutig von lunarer Prägung waren. Er hatte helles, silbriges Haar, eine blasse und feuchte Haut; sein Gesicht und Körpertonus waren relativ fleischig. Und als ob das noch nicht genügt hätte, war das erste, was er sagte, als ich ihn an der Tür begrüßte: »Ich habe mir ein paar Brote fürs Mittagessen mitgebracht. Ich hoffe, das ist Ihnen recht.« Er wollte also sicher gehen, dass er ausreichend genährt wurde. Saturn stand noch dazu in Krebs im ersten Haus! Es liegt nahe, zu vermuten, dass die Welt, in die er geboren wurde, sich für ihn nicht ausreichend nährend anfühlte, so dass er später, wenn er ins Leben hinausging, gelernt hatte, immer Brote für sich mitzunehmen. Auf einer tieferen Ebene mag das Leben auf ihn wie eine unzulängliche Mutter gewirkt haben, deren Unfähigkeit man selbst kompensieren muss, oder sogar wie eine regelrechte Rabenmutter, vor der man sich schützen und die man versöhnlich stimmen muss. Manchmal sind Krebsaszendenten zwanghafte Umsorger, die meinen, sich um die ganze Welt kümmern zu müssen, und manchmal fordern sie andere durch ihr Verhalten dazu auf, nach ihnen zu sehen. In diesem Fall bestand also keinerlei Zweifel, aber das ist leider nicht immer so.

Ich möchte den Aszendenten mithilfe der drei Ebenen nochmals zusammenfassen: Die erste Ebene ist die Geburt. Manchmal ist es auch der physische Körper. Die psychologische oder die beziehungsmäßige Ebene ist der Impuls, etwas in Gang zu setzen; der Impuls, ins Leben zu gehen; das, was uns motiviert, Neues anzufangen, in Erscheinung zu treten und dem Leben unseren Stempel aufzudrücken. Der Aszendent ist daher auch das, was wir im Leben erhalten, oder vielmehr, wie wir das Leben sehen und die Eindrücke, die wir vom Leben gewinnen – unsere Prägung durch das Leben. Die Metapher ist der Beginn der Reise oder das Küken, das aus dem Ei schlüpft. Die innere Ebene von all dem ist der Wille zu entdecken: »Wer bin ich?«

Antrieb und Motivation

Der Aszendent ist natürlicherweise der Beginn des ersten Feuerhauses. Durch unsere physische Geburt holen wir zum ersten Male selbst Luft und atmen. Feuer braucht Luft, um zu brennen sowie entflammbare Substanzen. Das Wort »Inspiration« bedeutet »Einatmen«, im Sinne von Luft holen. Wie machen wir Feuer? Welchen Brennstoff verwenden wir? Was veranlasst uns, den nächsten Schritt zu tun? All das zeigt uns das Zeichen am Aszendenten. Es ist, als hätten wir dort den Atem des Lebens, der das Feuer des Werdens entzündet. Wenn wir die vier Eckhäuser um die Symbolik der Elemente erweitern, dann ist das erste Haus der Ort des Feuers. Es leuchtet ein, dass Menschen mit einem Feueraszendenten Feuerenergie auf eine sehr klare Art erzeugen und ausdrücken, da dies der natürliche Ort des Feuers ist. Sie sind auch häufig leicht zu erkennen. Widder am AC beginnt alles als eine Herausforderung, eine Eroberung, und wenn nichts die Energie auf eine andere Art und Weise färbt, dann will er außerdem nicht länger dabei bleiben, wenn der Anfangsimpuls einmal gesetzt ist. Er hat zuweilen auch eine gewisse Art, selbst ganz einfache Sachverhalte in eine Konfliktsituation zu verwandeln. Es umgibt ihn eine »Auf-die-Plätze-Fertig-Los«-Qualität. Schütze am Aszendenten geht das Leben mit Enthusiasmus, guter Laune und Hoffnung an, Löwe mit Großzügigkeit, Herzlichkeit und dem Bedürfnis, im Mittelpunkt zu stehen.

Ein anderes Element zeigt eine andere Motivation. Wasserzeichen am AC werden durch ihre Gefühle motiviert; dies ist der Brennstoff, der ihren Motor am laufen hält. Beziehungen oder tiefe Gefühle motivieren einen solchen Menschen, in ein anderes Land zu ziehen, den Arbeitsplatz zu wechseln, ein neues Leben zu beginnen. Mit Fische am Aszendenten ist man vielleicht zutiefst von Mitgefühl für andere motiviert oder von dem Wunsch, der Härte der Welt zu entkommen. Erdzeichen werden auf eine sehr praktische Art und Weise vorwärts gedrängt oder gehen auch aus eigenen Stücken. Einen Stier-AC motivieren gute venusische Dinge – Behaglichkeit, Geld, materielles Wohlergehen. Und man verfolgt diese Ziele hartnäckig und geduldig, und, wenn alles gut geht, auch mit Freude. Luftzeichen werden von der Welt »kopfüber« angezogen, durch Neugier, Beziehungen und Ideale – Verbindungen aller Art.

Unterrepräsentiertes Element

Eine besonders interessante Situation ergibt sich, wenn der Aszendent der einzige Vertreter eines bestimmten Elementes ist. Bis zu einem gewissen Grad trifft dies auch auf die anderen Eckhäuser zu, beim AC und MC wird es jedoch am deutlichsten. Das kann sehr schwierig sein, weil der eigene Lebensweg dann so geartet ist, als trete man eine Reise an, für die man sich von seinem Naturell her nur ungenügend ausgestattet fühlt. Dies äußert sich beispielsweise in einem Gefühl, als liefe der eigene Motor einzig und allein auf dem schwachen Zylinder, oder man macht häufig Erfahrungen, die ein hohes Maß an Hingabe an das Unbekannte erfordern. Auf Dauer kann so etwas ziemlich aufreibend sein.

Wenn man Planeten in einem Element stehen hat, dann agieren sie als Behältnisse und auch als Vertreter dieser elementaren Energie. Wenn man in einem Element keine Planeten hat, dann weiß man mit Erfahrungen, für die dieses Element steht, nicht so gut umzugehen. Das heißt, die Fähigkeit, in etwas Größeres, etwas Unbekanntes zu vertrauen, wird über alle Maßen strapaziert, weil einem die gewöhnliche Art des Umgangs mit diesen Erfahrungen nicht so einfach zur Verfügung steht.

Ich denke dabei gerade an das Beispiel einer Frau, die einen Steinbock-Aszendenten hat, sonst aber nichts in Erde. Sie hat einen stark gestellten Neptun in Opposition zur Sonne, und mehrere Planeten in den Fischen; man kann diese Sensibilität in ihren Augen und an ihrer Art deutlich erkennen. Sie arbeitet sehr hart, hat eine Familie mit drei Kindern, und ist ein Fels in der Brandung, nicht nur für ihre Familie, sondern für einen großen Kreis von Menschen, zu denen sie Kontakt pflegt. Sie wird von ihrem überaus starken Pflichtbewusstsein motiviert. Saturn steht in ihrem 7. Haus und ist in einer gefestigten Beziehung mit ihrem Mann verankert. Sie musste viel darüber lernen, wie man Grenzen setzt. Die Fähigkeit des Maßhaltens, einen Sinn für Proportionen und richtiges Timing – all diese Dinge musste sie lernen. Wenn man sieht, wie sie lebt und was sie tut, dann erscheint sie sehr erdig, aber wenn man ihre Energie erspürt, dann ist dem ganz und gar nicht so.

Teilnehmer: Was ist, wenn ein Wasserzeichen am AC steht und keine Planeten im Wasser sind?

Melanie: Dann ist die Lebensreise eine sehr emotionale, aber in diesem speziellen Fall fließt das Wasser eben nicht in geordneten Bahnen, wie aus einem Wasserhahn. Man trifft eher auf die Kraft des Ozeans oder einer Flutwelle, und man muss lernen, geduldig inmitten des Chaos, des überlaufenden Wassers, des Dramas zu sitzen, bis sich die eigenen Gefühle daraus destillieren, so dass man weiß, was zu tun ist, falls dies überhaupt erforderlich ist.

Jenseits des Anfangs

Wenn wir die Hauptachsen betrachten, ist es sinnvoll, auch die Häuser vor den Eckhäusern, die fallenden Häuser, mit einzubeziehen. Und zwar weil Planeten an den Hauptachsen – z.B. in Konjunktion zum Aszendenten – sich auf jeder Seite der Achse befinden können, entweder im 12. oder im 1. Haus, und weil der Aszendent ja sowohl als »das Ende vom Ende« betrachtet werden kann, als auch als »der Anfang vom Anfang«.

Teilnehmer: Da gibt es etwas, das mich schon immer verwirrt hat. Ich weiß, dass jemand, der bei Sonnenaufgang geboren wird, die Sonne am Aszendenten, und jemand, der mittags geboren wird, die Sonne am MC hat. Das heißt ja, dass die Zeit dazwischen den Aktivitäten des 12., 11. und 10. Hauses entspricht. Aber das passt irgendwie nicht zusammen.

Melanie: Zuerst einmal kann ich auf der symbolischen Ebene eine Resonanz erkennen. Ich weiß, wenn ich kurz vor Sonnenaufgang aufstehe und während der ersten Stunden des Tages in mich gekehrt bleibe, bevor ich in die Welt hinausgehen muss, dann hat diese Zeit etwas Magisches. In der klösterlichen Tradition und auch auf anderen spirituellen Pfaden steht man häufig aus genau diesem Grund lange vor Sonnenaufgang auf. Es kann einen enormen Unterschied für den Rest des Tages ausmachen, wenn wir uns in diesem Gefühl der Verbindung verankern, bevor wir den Tag beginnen.

Zum Zweiten können wir uns den Tierkreis rein technisch als eine »Uhr« vorstellen, deren Grade in ihrer Abfolge aufsteigen. Wenn wir also ein Horoskop mit einem Aszendenten von beispielsweise 10° Löwe um 10.30 Uhr haben, dann bewegt sich der Grad des Aszendenten mit der Zeit »vorwärts« durch den Tierkreis. Ein paar Minuten später steht er dann auf 11°, und so weiter den ganzen Tag über. Sie erinnern sich daran: Die Hauptachsen bewegen sich entsprechend der täglichen Rotation der Erde.

Teilnehmer: Welchen Orbis würden Sie für eine Konjunktion zu einer Hauptachse gelten lassen?

Melanie: Grundsätzlich vielleicht einen Orbis von 7° oder 8°. Innerhalb dieser Entfernung kann man mit Sicherheit eine starke, wie auch immer geartete Manifestation des betreffenden Planeten im Leben des Horoskopeigners erwarten. Erinnern Sie sich an das Kreuz der Materie? Dinge materialisieren sich, wenn sie in Konjunktion zu einer der Hauptachsen stehen, und je näher sie dort stehen, umso wahrscheinlicher ist es. Man sollte jedoch bei der Einschätzung, ob ein Planet in Konjunktion zu einer Achse steht, flexibel sein, besonders, weil die Geburtszeit nicht immer zuverlässig ist. Ein Planet kann auch noch dem AC zugerechnet werden, wenn er schon 12° davon entfernt steht. Es hängt auch von der Bedeutung des Planeten ab.

Zum Beispiel, wenn jemand einen Widder-Aszendenten hat, mit Mars in Widder im 12. Haus, dann nimmt man einige der Mars-Qualitäten vielleicht noch wahr, auch wenn er 12° entfernt steht, und obwohl das natürlich von der Grundstimmung des 12. Hauses, wie Diffusität, Grenzenlosigkeit und Unsichtbarkeit beeinflusst wird. Aus diesem Grund könnte es sich um einen Mars handeln, der sich immer wieder in Schwierigkeiten bringt, weil er nicht schnell genug handelt, seinen Unmut nicht äußert oder weil er die Initiative anderen überlässt und schnell verwirrt ist. Positiv gesehen kann in diesem Fall das marsische Feuer durch andere Fähigkeiten wohltemperiert werden: die Fähigkeit abzuwarten, ein Gefühl für den richtigen Moment zu haben, die subtilen Untertöne zu verstehen und Informationen aus der Intuition und aus Träumen zu empfangen. Je weiter der Planet jedoch im 12. Haus steht, umso stärker wird man ihn in typische 12.-Haus-Themen involviert sehen.

Das trifft als generelle Regel auch auf andere Planeten an den Achsen zu, aber es ist trotzdem wichtig, sich daran zu erinnern, dass ein 12.-Haus-Planet sich tatsächlich anders anfühlt und anders funktioniert als ein 1.-Haus-Planet! Wenn die Sonne zum Beispiel im 12. Haus steht, selbst wenn sie nur 3° vom Aszendenten entfernt ist, dann haben wir häufig dieses Empfinden von Diffusität und Verletzlichkeit der Grenzen sowie der Identität, was sich doch sehr von der klarer definierten, expressiven und sichtlich strahlenden Sonne im 1. Haus unterscheidet. Das 12. Haus ist wie der Mutterleib oder die Erfahrung im Mutterleib. Es ist ein sehr undifferenziertes Gebiet, das sich – unter anderem – auf das bezieht, was ich die »tiefe Vergangenheit« nennen würde. Die tiefe Vergangenheit heißt in diesem Zusammenhang, die tieferen Schichten des Familienbaumes, einschließlich der ersten Schichten von Großeltern und Urgroßeltern, aber auch darüber hinaus. Planeten an dieser Stelle repräsentieren daher Anteile von uns, Impulse, die zutiefst mit diesen verborgenen Schichten zusammenhängen. Hier liegen die Geschenke, Probleme, Themen, unerledigten Geschäfte, die eine ältere Geschichte haben. Es ist auch der Punkt des Horoskops, wo unsere eigene Familienmatrix mit der Geschichte verschmilzt, in den großen Strom kultureller und menschlicher Erfahrung einfließt.

Mit anderen Worten, wenn jemand einen Planeten dort in der Nähe des Aszendenten stehen hat, dann ist der Planet ziemlich aufgeladen, da er und damit das, was sich zu verkörpern, zu personifizieren sucht, zusätzlich zu den Geburtsschmerzen und der Tatsache, direkt am AC zu stehen, auch noch einen ganzen Ahnenstrom hinter sich herzieht. Zuweilen ist es gar nicht möglich, darüber im Detail Bescheid zu wissen, weil uns die Informationen nicht bewusst zur Verfügung stehen. Unsere Tiefenpsyche weiß jedoch um diese Themen und versucht vielleicht, uns durch unsere Träume, Symptome und andere intuitive Wege darauf aufmerksam zu machen. Für Planeten im 12. Haus sind kontemplative Techniken oder eine gewisse Vertrautheit mit Traumarbeit, Meditation und anderen Methoden, die unsere Tiefenpsyche ansprechen, sehr wichtig. Die Zen-Frage, »Wie sah dein Gesicht aus, bevor du geboren wurdest?«, lässt sich meiner Ansicht nach wunderbar auf dieses Haus anwenden.

In der traditionellen Astrologie wurde das 12. das Haus der Selbstvernichtung und der Wohnsitz der versteckten Feinde genannt. Und obwohl sich das zuweilen durchaus als wörtlich richtig herausstellt, ist es sinnvoll, diese Aussage einmal symbolisch zu betrachten. Die »versteckten Feinde« können unsere eigenen blinden Flecken sein, wo wir entweder sehr verletzlich oder auf eine indirekte Art machtvoll sind, so dass andere dies als untergrabend oder als eine unsichtbare Bedrohung erleben. Die »Feinde« in uns selbst können in Form von Erfahrungen, die wir anziehen, zum Vorschein kommen, durch die wir lernen müssen, uns vom Kollektiv zu unterscheiden. Es ist das, was hinter uns steht, hinter dem Anfang, und was unser Motivationsempfinden deswegen zutiefst beeinflussen kann.

Was die Selbstvernichtung angeht, so denken Sie nochmals über die Frage »Wer bin ich?« nach. Im 12. Haus versucht das getrennte Ego nämlich wirklich, sich selbst aufzulösen, den engen Knoten seiner Verwobenheit mit den Lebenskämpfen, eine allzu enge Sicht der Realität, zu lockern und frei zu werden. Unsere Antworten auf die Frage »Wer bin ich?« mögen ganz unterschiedlich ausfallen, je nachdem, ob wir den AC als das Ende des 12. oder den Anfang des 1. Hauses betrachten! Der Aszendent ist der Ort, wo das tiefe Selbst eine individuelle Form annimmt.

Nun haben Themen des 12. Hauses nicht immer mit unseren Vorfahren zu tun, wenn dies auch sehr häufig der Fall ist. Planeten in Konjunktion zum Aszendenten, aber noch im 12. Haus, zeigen zuweilen ein spezifisches Thema unserer Vorfahren, eine unvollendete Geschichte, Leichen im Keller, die der Aufmerksamkeit bedürfen, oder kreative Fähigkeiten, die nach einer Ausdrucksmöglichkeit suchen. Es ist unser tiefes Erbe, das vielleicht unterdrückt oder nicht anerkannt wurde, und darum nach einem gerechten Ausgleich verlangt. Eine Stellung am Aszendenten verleiht dem Thema das entsprechende Gewicht. Dieser kleine Winkel des Horoskops, die letzten paar Grade des 12. Hauses, symbolisieren fast das genaue Gegenteil des Aszendenten, den wir als Ort sehen können, wo wir unseren ersten, unabhängigen Atemzug tun, wo wir in einer bestimmten Form in das Leben in der Welt hinaustreten und unsere körperliche Existenz beginnen. Im letzten Teil des 12. Hauses ist alles diffus und versucht, über die Form hinauszugehen, Grenzen zu überschreiten, aufgelöst zu werden, loszulassen und die individuelle Einzigartigkeit aufzugeben. Es ist der Ort des Mystikers.

Wenn ein Planet kurz hinter dem Aszendenten, aber noch in Konjunktion zu ihm steht, dann ist dieser Planet manchmal von einer sehr archetypischen Qualität. Wenn es sich um Venus handelt, dann ist das Streben dieses Menschen auf Beziehung ausgerichtet, jedoch nicht bewusst, denn Dinge, die kurz hinter dem AC stehen, treiben uns sozusagen von hinten an – wir können sie nicht sehen. Es ist, als wären sie vor uns verschleiert. In der traditionellen Astrologie ist das 12. das Haus der versteckten Einflüsse. Das muss zwar nichts Bedrohliches bedeuten, kann sich aber unheimlich anfühlen, wenn man spürt, dass eine bestimmte Kraft einen durchströmt, man jedoch nicht weiß, was es ist oder wo es herkommt. Manchmal hat man die Möglichkeit, es herauszufinden und manchmal eben nicht.

Um zu unserem Beispiel von Venus kurz hinter dem Aszendenten zurückzukehren, dann ist es so, als suche und finde die Person mit dieser Venus-Platzierung Beziehungen mit einem hohen Anteil emotionaler Symbiose und Verschmelzung, fast so wie ein Zurück-in-den-Mutterleib-Szenario, wo der Drang nach Verschmelzung wesentlich stärker ist als der Wunsch, ein Einzelwesen zu sein. Und das hat oft sehr komplizierte Auswirkungen. Es kann auch ein Leben in der Phantasie und der Sehnsucht bedeuten, in dem man die reine Vorstellung tatsächlichen Beziehungen vorzieht. So kann es sich auch um ein sehr feines und sensibles Gespür handeln, um eine Fähigkeit zur Hingabe, die enormes Leid mit sich bringen kann, wenn sie nur auf einen menschlichen Partner gerichtet wird. Jeder Planet im 12. Haus nahe dem Aszendenten kann psychische Inhalte von anderen regelrecht absorbieren, ohne davon etwas zu merken, ganz besonders, wenn es sich um den Mond handelt, aber diese Eigenschaft gilt auch für andere Planeten. Jeder Planet kurz hinter dem Aszendenten hat unklare Konturen, weiche Grenzen und verschmilzt mit dem Archetypischen.

Für die Planeten des zwölften ist es sehr schwierig, einfach normal zu sein – das ist mehr die Domäne des 6. Hauses. Vielleicht nimmt das 12. Haus aus diesem Grund den größten Bereich in der Gauquelin-Studie ein, weil Planeten sich dort in Überlebensgröße manifestieren. So als zögen sie uns zuweilen den Teppich unter den Füßen weg. In der besagten Studie wurden Menschen untersucht, die auf ihrem jeweiligen Gebiet Hervorragendes geleistet hatten, und die zu Volkshelden geworden waren, keine gewöhnlichen Sterblichen wie wir.

Teilnehmer: Ich frage mich gerade, ob die Tendenz, sich in archetypischer Art und Weise zu manifestieren, für alle Planeten im 12. Haus gilt?

Melanie: Nicht unbedingt. Ich beziehe mich hauptsächlich auf Planeten, die zwar in Konjunktion zum Aszendenten, aber dennoch im 12. Haus stehen. Einige dieser Eigenschaften gelten sicher auch für Planeten, die tiefer im 12. Haus liegen, aber ohne die Verankerung mit dem Aszendenten kann es sein, dass sie unter der Oberfläche des großen Ozeans bleiben, bis sie von einem Transit ausgelöst werden. So, als käme der kosmische Fischer vorbei, und die 12.-Haus-Planeten sind wie Fische, die im Netz gefangen und für eine Weile an Land gebracht werden. Auf einmal taucht da eine Venus oder ein Mars auf. Das sind völlig fremde Eigenschaften, seltsame Wesen, die da aus den Tiefen steigen – und die manchmal auch noch von Algen und Muscheln bedeckt sind!

Im Allgemeinen stehen 12.-Haus-Planeten nicht unter dem Druck, sich manifestieren zu müssen, es sei denn bei einem Transit oder einer Progression, die diesen Planeten aktiviert, aber das kann auch durch Beziehungen passieren, wo die Synastrie sozusagen wie eine Angelschnur wirkt. Planeten, die mit dem Aszendenten verbunden sind, stehen jedoch unter einem inneren Manifestationsdruck. Das kann sich anfühlen, als würde man versuchen, einen reißenden Wasserstrom durch die Tülle einer winzigen Teekanne auszugießen, weil ein riesiges archetypisches Reich in die Welt der Form geboren wird, und dort ist alles so furchtbar beengt, im Vergleich zur Sicht des 12. Hauses.

Manchmal finden wir für dieses letzte Stück des 12. Hauses auch Entsprechungen in bedeutsamen Erfahrungen im Mutterleib. Aus meiner Basisarbeit – sprich, Beispielen aus meiner eigenen Praxis – glaube ich, dass man viele Elemente des Horoskops aus der Perspektive vorgeburtlicher Erfahrungen betrachten kann. Das 12. Haus enthält jedoch zum Teil recht spezifische Informationen hierüber. Es kann uns zum Beispiel Auskunft darüber erteilen, ob wir aus einem friedlichen und ruhigen Reich relativer Sicherheit in etwas völlig anderes gekommen sind, als wir diesen großen Übergang angetreten haben. Oder ob wir froh waren, dort rauszukommen, und kämpfend daherkamen, und die Welt seit diesem Augenblick immer mit dem Kopf voran erobern. Manchmal war es mit Mars und / oder Pluto im 12. Haus so ähnlich. Das 12. Haus, der Mutterleib, war die Hölle, und wir mussten kämpfen, um dort rauszukommen und tun es heute immer noch, wenn auch unsichtbar.

Teilnehmer: Wollen Planeten im 12. Haus nicht gesehen werden?

Melanie: Ja, manchmal. Planeten im 1. Haus dagegen wollen unbedingt wahrgenommen werden. Sie wollen sichtbar sein. Sie kommen ja gerade erst hervor, gehen auf. Denken Sie nochmals an den Sonnenaufgang. Das ist eigentlich ein sehr schönes Bild, denn das erste, was wir sehen, bevor wir überhaupt die Sonne sehen, sind die Strahlen. Vielleicht sind Planeten im 12. Haus in Konjunktion zum Aszendenten mehr wie diese Strahlen, sie künden von etwas, sie sind Vorboten, aber man sieht sie nicht wirklich – sie deuten mehr an als sie tatsächlich zeigen.

Wenn der Aszendent für das steht, was wir ausstrahlen, dann wollen Planeten in Konjunktion mit ihm auch ihre Energie in das Leben und in die Umgebung ausstrahlen. Wenn also Venus dort steht, dann tritt die betreffende Person auf venusische Art und Weise über die Schwelle. Was für eine Art von Venus das genau ist, hängt natürlich von dem Zeichen ab, in dem sie steht, und von der Stellung ihres Dispositors. Kennt jeder von Ihnen dieses Wort? Nein? Nehmen wir an, Venus steht im Skorpion. Pluto herrscht im Skorpion und wird daher der Dispositor von Venus genannt. Die Haus- und Zeichenposition von Pluto wiederum gibt darüber Auskunft, um welche Art von Venus es sich handelt. Ist es eine verschleierte Venus? Ist es eine kämpferische Venus? Und so weiter. Ich denke gerade an ein Beispiel, wo Venus am AC im Skorpion im 12. Haus stand und durch Pluto in der Jungfrau in das 11. Haus disponiert war. Einige der potenziellen Schwierigkeiten dieser Konstellation kann man in unterschwelligen Rivalitäten, Konflikten und bei Eifersucht in Gruppensituationen sehen.

Stellen Sie sich den Unterschied vor, wenn Venus im Krebs im

1. Haus am AC und der Mond in der Waage im 4. Haus steht. Die Reise dieses Menschen ist von Eigenschaften wie Heimatverbundenheit, Ästhetik, emotionaler Intimität, von Nähren und Genährtwerden geprägt. Es findet eine Verankerung im 4. Haus statt, das ohnehin das natürliche Haus des Mondes ist. Hier könnten sich Schwierigkeiten ergeben, weil man zu flexibel oder unentschlossen ist und sich ständig nach anderen richtet.

Teilnehmer: Sowohl auf die eine als auch auf die andere Art wird die Venus stark sichtbar.

Melanie: Genau. Vielleicht wird diese Venus sogar regelrecht verkörpert. Einiges von dem, was ich gerade über diese Venus gesagt habe, würde auf jede beliebige Venus im 1. Haus zutreffen, umso mehr, wenn sie im gleichen Zeichen steht wie der Aszendent. Aber wenn Planeten sich in Konjunktion zum Aszendenten befinden, verstärken sich die offensichtlich manifestierten Eigenschaften. Falls ein Zeichenwechsel stattfindet, wird das Ganze ein wenig verwässert.

Teilnehmer: Wenn wir nochmals auf das andere Beispiel zurückkommen, was wäre, wenn Pluto in Löwe im 9. Haus stünde?

Melanie: Das ist eine Reise, auf der man nach tiefer Begegnung sucht, und nach Wahrheit. Man trifft vielleicht häufig auf Extreme. Mit Venus in Skorpion gehen wir beispielsweise in die Tiefe. Es ist keine leichtherzige, unterhaltsame Venus. Mit Pluto im 9. Haus findet ein Teil dieser Intensität ihren Ausdruck in der Suche nach Bedeutung, im Bedürfnis, eine Philosophie zu finden, die die eigenen Wertvorstellungen unterstützt, die Reiche der Tiefe eingeschlossen.

Teilnehmer: Was, wenn Waage am AC stünde?

Melanie: Sie meinen, mit Venus im Skorpion?

Teilnehmer: Ja.

Melanie: Venus im Skorpion ist hier also der Aszendentenherrscher, aber mit Waage am AC begibt sich der Betreffende auf eine Reise, in deren Verlauf er versucht, Harmonie, Schönheit, Fairness und Gerechtigkeit zu verkörpern, zu entdecken und hervorzurufen. Bei diesem Balanceakt müssen aber auch die skorpionischen Eigenschaften, von denen keiner etwas wissen will, mit einbezogen werden. Und mit Waage am AC versucht der Betreffende dann, im Laufe seines Lebens die diplomatischen und harmonischen Seiten zu kultivieren. Diese Konstellation verlangt sowohl ein hohes Maß an Geduld und gutem Willen als auch eine beträchtliche Portion emotionaler Ehrlichkeit, denn die Intensität der Venus im Skorpion wird die ästhetische Balance des Waage-AC so manches Mal aus dem Gleichgewicht werfen.

Teilnehmer: Das heißt, 1.-Haus-Planeten wollen immer gesehen werden, umso stärker, wenn sie in Konjunktion zum AC stehen; und sie neigen dort dazu, sich bildlich zu manifestieren.

Melanie: Exakt.

Hüter der Schwelle

Der Aszendent zeigt das, was sich zu personifizieren und zu verkörpern sucht. Hier ist das Horoskop einer Frau, die einen Zwillings-AC hat und Saturn im 1. Haus, in sehr enger Konjunktion zum Aszendenten. Saturn befindet sich außerdem in Konjunktion zu Uranus, der im 12. Haus steht, aber immer noch in Konjunktion zum AC. Sie hat Merkur in der Waage im 5. Haus. Können Sie sich das vorstellen? Merkur ist in ein großes Stellium eingebunden. Was möchte sich da personifizieren bzw. verkörpern?

Teilnehmer: Kommunikation.

Teilnehmer: Intellektuelle Neugierde.

Teilnehmer: Zusammenarbeit mit anderen.

Melanie: Ja, all das stimmt, aber was ist mit Saturn?

Teilnehmer: Mit Saturn ist das Bedürfnis nach Strukturierung verbunden.

Melanie: Ja. Diese Frau ist, wie zu erwarten, sehr zurückhaltend. Saturn steht exakt auf ihrem Aszendenten. Ihre Geburt war sehr, sehr langwierig, und sie hatte ihr ganzes Leben über immer wieder Ärger mit den Knien und dem Rückgrat, die ja beide von Saturn beherrscht werden. Andere Probleme mit Saturn in den Zwillingen sind Sprachhemmungen und die Erfahrung von vielen Einschränkungen und Belastungen in ihrem Leben. Obwohl Zwillinge von Natur aus ein nach außen gerichtetes Zeichen ist, besonders, wenn Merkur im 5. Haus steht, ist die spielerische und intellektuell neugierige Seite bei ihr sehr gedämpft worden. All das wurde verhindert und damit vertieft und verinnerlicht, wie es der Funktion Saturns entspricht.

Diese Frau hat niemals irgendwelche Studien absolviert. Ihr Geist ist sehr introvertiert und intuitiv absolut brillant, mit Uranus im 12. Haus direkt am Aszendenten. Als sie jünger war, hat sie viel geschauspielert – das entspricht dem Stellium im 5. Haus. Schöpferischer, kreativer, künstlerischer Ausdruck, in Zusammenarbeit mit anderen Menschen half ihr, einen Teil dieser Energie freizusetzen. Aber im Laufe der Zeit hat sich eine Art kontemplative, innere Kommunikation als ihre stärkste Fähigkeit herausgestellt. Sie gehört zu den Menschen, die einen Freund genau dann anrufen, wenn er in der Krise steckt, die zur richtigen Zeit am richtigen Ort sind und das Richtige sagen. Und obwohl diese Frau im Allgemeinen eher zurückhaltend ist, hat sie Beziehungen zuliebe enorme Risiken auf sich genommen. Das ist eine interessante Ausdrucksform für Zwillinge am Aszendenten. Uranus am AC im 12. Haus bewirkt viele Verbindungen, die durch ein inneres Empfinden angetrieben werden.

Eine andere Art, Planeten in Konjunktion zum AC zu betrachten, ist, sie als Beschreibung für die Wesen zu nehmen, die bei unserer Geburt unmittelbar dabei waren, so etwas wie die Hüter der Schwelle aller Anfänge. Manchmal erscheinen sie ganz offensichtlich hilfreich, ein andermal haben sie eine furchterregende Komponente, so wie Dämonen, denen wir begegnen müssen. Das so eben vorgestellte Beispiel von Saturn am Aszendenten, zeigt ein Lebensmuster von Verzögerungen und Hindernissen, mit denen wir geduldig fertig werden müssen, Lektionen, die wir erst im Laufe der Zeit lernen.

Ein Planet im 1. Haus, der gerade aufgeht, ist so etwas wie ein ständiger Reisebegleiter auf unserer gesamten Lebensreise. Auf die Geburt bezogen ist er unsere vorherrschende Erlebensqualität, vielleicht die unvollständige Gestalt, bzw. das, was uns bei unserer Ankunft begrüßt. Ich kenne eine Frau, deren Pluto nur 2° von ihrem Aszendenten entfernt steht. Sie weiß, dass immer dann, wenn sie wirklich Energie in eine Sache investiert, wenn sie die Initiative für etwas ergreift, das sie wirklich verfolgen möchte, als Allererstes eine Katastrophe geschieht. Als sie noch jünger war, dachte sie dann jedes Mal: »Um Gottes willen, ich muss ja total auf dem Holzweg sein, weil wirklich alles schief geht. Das ist schrecklich.« Heute geht sie das Ganze ungefähr folgendermaßen an: »Aha, da ist Pluto wieder – was will er mir denn diesmal sagen?« Es ist, als würde Pluto unseren Willen testen, indem er fragt »Wie ernst ist es dir wirklich damit? Überlebst du das hier? Wie rein ist deine Absicht? Ist das in Ordnung so? Wir testen dich.« Das ist das Gefühl.

Teilnehmer: Und was, wenn man die Sache dann nicht durchzieht?

Melanie: Wenn man es nicht tut, zieht sich der Handlungsimpuls wieder nach innen zurück. Er ist dann ein halbgeborener Impuls, der auf halber Strecke im Geburtskanal stecken bleibt und wieder zurückgedrängt wird. Wenn das oft genug passiert, dann baut man einen gewaltigen Druck auf. Mit Pluto am AC sind Handlung und Aktivität ohnehin häufig mit einem vorangehenden Auf- und Abbau von Druck verbunden.

Teilnehmer: Kämpfen, um rauszukommen.

Melanie: Genau. Dadurch bekommt man den Handlungsimpuls.

Teilnehmer: Was ist, wenn man keinen Planeten am Aszendenten hat?

Melanie: Bis zu einem gewissen Grad kann das Bild des Hü-

Abbildung 5: Horoskop 1. Juni 1959, 10:38 PST, Seattle WA

ters der Schwelle auch auf den Aszendentenherrscher ange-
wandt werden, obwohl es dabei nicht ganz so offensichtlich
bzw. so intensiv ist.

Teilnehmer: Was passiert, wenn der Aszendent in einem Zeichen steht und es im 1. Haus einen Planeten zwar in Konjunktion zum AC, aber in einem anderen Zeichen gibt?

Melanie: Das ist dann wie bei dem Venus-Beispiel, das ich
angeführt habe – aber das hängt natürlich immer von den Zeichen ab. Bei einem anderen Beispiel hat eine Frau Pluto am
AC Anfang Jungfrau und Löwe am Aszendenten. Diese Frau
beschrieb sich selbst so: Sie beginnt immer alles im Dunkeln,
in extremer Dunkelheit, und neue Lebensstadien werden bei
ihr häufig von vorangehenden größeren Verlusterlebnissen an-
gekündigt. In ihrem Fall sind Pluto und die Sonne auch noch
über die Sonne verbunden, die in Konjunktion zu Merkur in

den Zwillingen im 10. Haus steht. Das heißt, der Herrscher des Aszendenten steht in Konjunktion zum Dispositor von Pluto.

Diese Thematik kommt besonders stark über Ereignisse in ihrem Arbeitsleben zum Vorschein. Löwe am Aszendenten würde gern in das Leben springen und strahlen, aber Pluto sagt scheinbar häufig so etwas wie: »So einfach ist das nicht. Kannst du das hier überwinden und immer noch lächeln?« Ihre Kreativität zeigt sich sehr stark in ihrer Fähigkeit zu organisieren, sich um Details zu kümmern, klar zu kommunizieren und loyal und verantwortungsbewusst zu sein, obwohl sie sich dafür selbst nicht anerkennt. In ihrem Job hat sie sich schon erfolgreich durch verschiedenste administrative Alpträume hindurchgearbeitet, von denen sie sich heftigst niedergedrückt fühlte, aber die sie immer bis zum bitteren Ende ausfocht. Dazu gehörte unter anderem der Selbstmord eines Geschäftspartners, wodurch sie mit den ganzen komplexen rechtlichen und finanziellen Fragen, die zu klären waren, allein dastand, zusätzlich zu der emotionalen Verarbeitung seines Todes. Diese Angelegenheit zog sich Monate hin.

Ein Planet im 1. Haus in Konjunktion zum Aszendenten ist entweder hilfreich oder bietet Hindernisse für die Manifestation und Verkörperung einer bestimmten Energie. Und das ist deutlicher, als wenn ein Planet einfach nur im 1. Haus steht. Wenn Sie sich den Aszendenten als eine Reise vorstellen, dann sind Planeten in Konjunktion dazu wie lebenslange Reisebegleiter, die uns auf Schritt und Tritt folgen und die wir immer mitnehmen müssen. Sie können uns unterstützen oder uns Steine in den Weg legen, und sie können uns Streiche spielen, aber wir müssen sie immer irgendwie miteinbeziehen.

Teilnehmer: Was ist bei einer Rezeption von Sonne und Mond?

Melanie: Dafür müsste sich der Mond im Löwen und die Sonne im Krebs befinden. Handelt es sich um einen Löwe-Aszendenten?

Teilnehmer: Ja, der Mond steht im 12. und die Sonne im 11. Haus.

Melanie: Das heißt, der Aszendent wird von der Sonne beherrscht. Also sucht die Sonne nach einer Verkörperung, sie will strahlen. Wenn wir jetzt der Rezeption nachgehen, finden wir ein sehr einheitliches Thema. Die Sonne befindet sich im 11. Haus im Krebs. Hier liegt also eine Betonung auf Gruppenaktivitäten, Zusammenarbeit, gesellschaftlichen Untergruppen, Menschen, die ein gemeinsames Ideal verfolgen, ein gemeinsames Ziel, eine gemeinsame Suche nach Wissen. Es ist der Ort der Ideale und der »Wahlfamilie«. Es ist der Ort, wo wir unseren Beitrag an die Gesellschaft verfeinern. Dies findet jetzt im Zeichen Krebs statt, es geht dabei also um Gefühle, um Genährtwerden und um das feminine Prinzip, in welcher Form auch immer.

Das wird durch die Tatsache, dass der Mond im 12. Haus im Löwen steht, stark gestützt. Hierbei handelt es sich um einen Mond, der tiefen Zugang zu allen Arten von unsichtbaren Strömungen hat; im Löwen möchte er diese Strömungen ausdrücken. Schlimmstenfalls könnte es sich hierbei um einen Menschen handeln, der alles, was sich in einer Gruppe unterschwellig abspielt, aufnimmt, alles, was ins Unbewusste abgesickert ist, und das dann persönlich ausdrückt bzw. die Gruppe damit überflutet. Selbst jetzt, wo wir alle hier sitzen und uns auf die vier Eckhäuser konzentrieren und sie aus der Sicht des 12. Hauses betrachten, interagieren unsere Energiefelder miteinander und alle möglichen Rückstände sickern daraus hervor und strömen aus – was gestern passiert ist, der Traum, den wir vergangene Nacht geträumt haben, tief sitzende Ängste, Sorgen. Das alles tragen wir die ganze Zeit in unserem Energiefeld mit uns herum.

Ein Mensch mit dem Mond im 12. Haus fühlt das. Schlimmstenfalls fühlt er sich gezwungen, all dem Ausdruck zu verleihen und wird dadurch verletzt, weil er dann derjenige ist, der immer das sagt, was keiner hören will. Bestenfalls ist es jemand, der sich innerhalb einer Gruppe auf eine sehr fürsorgliche und unterstützende Art und Weise ausdrückt, indem er auf instinktive Informationen zurückgreift, die durch den Mond kommen und die er unsichtbar aufgenommen hat, und die er dann dadurch ausdrückt, dass er fürsorglich ist und andere teilhaben lässt, was wiederum das Bewusstsein der Gruppe anhebt.

Teilnehmer: Und wenn der Aszendent Jungfrau wäre, mit der gleichen Rezeption?

Melanie: Ein von der Sonne beherrschter Aszendent ist sicherlich eine Grundanlage, die sich selbst Ausdruck verleihen möchte, das feurige Zentrum darstellen will und dafür Anerkennung haben möchte. Die Jungfrau hingegen möchte verschleiert bleiben, sich zurückhalten und Unterscheidungen treffen können, sie möchte mehr im Hintergrund bleiben, eine Beobachtungsposition einnehmen, die Dinge abschätzen und analysieren. Ihre Herangehensweise ist daher immer analytisch, praktisch, vorsichtig und sensibel. Um ihrer Spur zu folgen, müssten wir wissen, wo Merkur steht.

Teilnehmer: Merkur steht im 9. Haus Ende Zwillinge, in Konjunktion zur Himmelsmitte.

Melanie: Dann kann es sich um jemanden handeln, dessen Zugehen auf andere Menschen und auf das Leben sehr eng mit seinem öffentlichen Leben verknüpft ist, mit seinem Beruf und der Himmelsmitte. Zudem ist ein Bedürfnis vorhanden, sich im Sinne einer philosophischen Suche nach Bedeutung und intuitiver Richtigkeit zu verankern. Es handelt sich um einen praktischen Idealisten. Das Einholen von praktischen Informationen, die Kommunikation und ihr umfassender Einsatz in der Außenwelt sind betont. Der Mond im 12. Haus interessiert sich auch sehr häufig für die Vergangenheit, für Archäologie, für wohltätige Arbeit im Krankenhaus oder im Gefängnis.

Teilnehmer: Was würden Sie sagen, wenn die Mondknoten oder der Glückspunkt am Aszendenten lägen?

Melanie: Ich achte im Allgemeinen nicht besonders auf den Glückspunkt, weil er nur ein Teil des ganzen Systems ist und auch weil es – wie bei allem, dessen Berechnung auf dem genauen Stand des Aszendenten beruht – beträchtliche Abweichungen geben kann, wenn die Geburtszeit nicht stimmt. Da man die Sonne, den Mond und den Aszendenten zur Berechnung des Glückspunktes miteinbezieht, wissen wir, dass die betreffende Person bei einer Stellung des Glückspunktes am Aszendenten im 1. Haus kurz nach Neumond geboren wurde. So gesehen, macht uns der Glückspunkt auf die Phase des Sonne/Mond-Zyklus aufmerksam, und da dieser Zyklus nun mithilfe des Glückspunktes zu den Häusern in Bezug gesetzt wird, betont er auch ein Gebiet unserer Lebenserfahrung besonders stark. Wenn sich der Glückspunkt in Konjunktion zum Aszendenten befindet, die betreffende Person also bei Neumond geboren ist, dann liegt hier eine zusätzliche Bedeutung auf dem Thema der Neuanfänge, der anfänglichen Impulse und der verletzlichen Phase eines Reisebeginns. Wenn der Glückspunkt im 1. Haus steht, sind wir immer noch in der Dunkelmondphase des Neumondes, weil der Mond zum Zeitpunkt der Geburt noch nicht sichtbar war.

Die andere wichtige Achse in diesem Horoskop ist selbstverständlich die Mondknotenachse. Ich möchte darüber jetzt nicht allzu viel sagen.[9] Für den Augenblick soll es reichen, dass eine Überlagerung der Mondknotenachse mit einer der beiden Hauptachsen des Horoskops dem entsprechenden Thema natürlich ein besonderes Gewicht verleiht. Wenn der Nordknoten in Konjunktion zum Aszendenten im 1. Haus steht und wir einen engen Orbis haben, dann kommt es vor, dass der Nordknoten im Laufe des Lebens in der Progression ins 12. Haus zurückgeht. Das kann natürlich bei allen Eckhäusern passieren. Im Falle des Aszendenten ist es jedoch besonders interessant, weil damit ein Leben beschrieben wird, bei dem zu Beginn eine sehr starke Betonung auf den Dingen liegt, über die wir im Zusammenhang mit dem Aszendenten gesprochen haben – Initiative, Hinausgehen, Vorwärtsbewegung, Impuls. Im Laufe der Zeit muss der Betreffende aber all das aufgeben und es an das 12.

Haus abgeben. Die Ausrichtung der Frage »Wer bin ich?« verschiebt sich mehr aus dem persönlichen und aufstrebenden Bereich in transpersonale und universale Gefilde. Mit der Mondknotenachse in Konjunktion zu den Hauptachsen ist das Gefühl mit einem größeren Ganzen verbunden zu sein sehr wichtig. Sie kann aber auch für sehr bedeutende Beziehungen stehen.

Der Mondknoten in Konjunktion zum AC und im 12. Haus verleiht der Frage »Wer bin ich?« eine kontemplative Note. Es besteht dann das Bedürfnis, der Antrieb, ja eine Art Notwendigkeit, das sehr tiefe, innere Terrain des 12. Hauses in diesem Leben zu erkunden. Träume, Meditation oder Kontemplation sind ein Weg dazu – alles, was den Prozess der Hingabe und des Loslassens an das größere Ganze, an die Reiche jenseits der Form, unterstützt. Künstlerische Arbeit oder Dienst an der Menschheit sind weitere Möglichkeiten. Auf jeden Fall ist es für Horoskopeigner mit dem Nordknoten am Aszendenten im 12. Haus von großer Bedeutung, positive Ausdrucksformen dafür zu finden. Ansonsten kann diese Konstellation sehr schwierig sein, weil es vielleicht eine Richtung ist, der man Widerstand entgegenbringt, falls das restliche Horoskop sie nicht unterstützt.

Dann herrscht das Gefühl vor: »So sehr ich auch versuche, voranzukommen und Dinge zu initiieren, ich habe immer das Gefühl, dass mich etwas zurückhält, und ich komme damit einfach nicht klar. Ich gerate in ein Durcheinander und ich verliere meine Schlüssel, ich werde chaotisch und alles gestaltet sich schwierig.« Man wird dann tatsächlich chaotisch. Anders ausgedrückt wird mit dieser Stellung ein wichtiger Teil des Geburtsvorgangs vorangetrieben, indem man versucht angemessene Wege im Umgang mit dem Chaos zu finden.

Das IC – Woher komme ich?

Bevor wir zum IC hinabsteigen, möchte ich ein wenig auf die Etymologie eingehen.[10] Das »C« in MC und IC bedeutet coeli, das lateinische Wort für »den Himmel«. »M« steht für medium, was auf deutsch soviel heißt wie »die Mitte, das öffentliche Auge, die Gemeinschaft, das Gemeinwohl«. Ist das nicht eine interessante Bedeutung für das MC? Das »I« wiederum steht für imum und bedeutet »das Niedrigste, der Grund, das Tiefste, das Ende«. Es ist verwandt mit anderen Worten, die »von unten, die untere Welt, südlich« bedeuten.

Kosmische Wurzeln

Ich möchte jetzt das IC näher betrachten. Es gibt ein Bild für das IC, das ich sehr mag, aber bevor ich es Ihnen vorstelle, muss ich Sie warnen, denn es kann astronomisch irreführend sein! Ein Grund der Verwirrung ist dabei die Verwechslung des wahren und des scheinbaren Horizonts. Also, werfen wir uns nochmals einen Blick auf das Diagramm.[11] Da ist der wahre Horizont, und der markierte Punkt, das IC, liegt unterhalb des Horizonts. So weit, so gut. Symbolisch gesehen liegt die untere Hälfte des Horoskops also »unter dem Horizont«, im Nachtteil des Horoskops. Sie erinnern sich sicher daran, dass das IC auch symbolisch dem Nadir entspricht, der gegenüber dem Zenit über unseren Köpfen liegt. Das IC befindet sich also unter der Erde, irgendwo im Weltraum.

Würden wir jetzt immer noch denken, die Erde sei eine flache Scheibe, dann wäre soweit alles bestens. Sie haben sicherlich schon alte Zeichnungen von dieser Weltsicht gesehen, wo die Hölle als unterhalb der Erde liegend dargestellt ist. Wenn wir lediglich davon ausgehen, dass unter uns die feste Erde ist, dann wäre weiter unter uns noch mehr Erde, vielleicht noch dichter. Haben wir aber die Vorstellung von etwas Rundem, von einer Erdkugel, dann ist mit der Vorstellung »unter unseren Füßen« gleichzeitig die Vorstellung eines »Mittelpunktes« verbunden, weil der Weg nach unten tatsächlich zum Erdmittelpunkt führt.

Als ich einmal den Unterricht zum Thema der Häuser vorbereitet habe, machte ich eine Entdeckung, die ich als Offenbarung empfand. Das Gleiche erfuhr ich dann aus den Schriften von Dane Rudhyar, die ich sicher vorher schon gelesen hatte, aber offensichtlich die profunde Bedeutung dieser Feststellung noch nicht richtig verstanden hatte![12] Stellen Sie sich einen Globus vor, unseren kleinen Globus, auf dem wir leben, die Erde. Das hier ist die Erde, und da stehen überall Menschen drauf. Plötzlich kam mir der Gedanke: »Mein Gott! Alle Füße zeigen in dieselbe Richtung – zum Erdmittelpunkt.« Dies wirkt wie ein scheinbarer Horizont. Aber alle Köpfe zeigen in eine ganz unterschiedliche Richtung. Das ist die symbolische Entsprechung des MC.

Unter unserem Standort befindet sich dieser Urgrund, dieser unsichtbare, unerreichbare Punkt der Einheit, und wir streben nach oben, unserem ureigenen Stern entgegen – zum Zenit, genau über uns. Das ist doch erstaunlich. Die Tatsache, dass wir nicht wirklich aufrecht geboren werden, findet auch Berücksichtigung am MC, dem wir ja entgegenwachsen, um ihn letztlich zu erfüllen, und zwar zum Teil auf der Grundlage, die uns mitgegeben wurde, dem IC. Für mich ist das ein unglaubliches Symbol dafür, worum es bei der senkrechten Achse des Horoskops geht, und auch für die zwei verschiedenen Herkunftsebenen, die das IC repräsentiert. Auf der einen Ebene geht es um unsere menschliche, territoriale Herkunft, unsere Familie, unseren Clan, unsere Abstammung. Auf der anderen Ebene geht es um unsere unbekannten, kosmischen Wurzeln.

Wenn wir die IC-MC-Achse als Paar betrachten, dann steht der Erdmittelpunkt für unsere unsichtbaren menschlichen Wurzeln und die Einheit, aus der wir uns am IC entwickeln. Hier oben am MC finden wir unseren individuellen und tatsächlich fassbaren Selbstausdruck zum »Wohle der Allgemeinheit«. Anders ausgedrückt: Dort oben, in Saturns Haus, bekommt unser Geschenk an die Welt eine wirkliche Form. Ich glaube auch, dass die Vorstellung einer Bestimmung daher kommt, weil unser Kopf auf einen ganz bestimmten Stern zeigt. Es handelt sich dabei um einen ganz eigenen Stern. Symbolisch betrachtet bedeutet das, dass wir Menschen uns auf vielen Ebenen gleichen und uns kaum voneinander unterscheiden – unsere Körper bestehen aus den gleichen Elementen und haben die gleiche Struktur. Gehen wir noch tiefer, dann sehen wir, dass viele dieser Elemente, aus denen unsere Körper bestehen, wie etwa unsere Knochen und unser Blut, auch der Stoff sind, aus dem die Sterne erschaffen wurden.

In diesem tieferen Sinne ist das IC der Ort der Einheit. Es ist wie der Mutterleib, die Matrix unserer Zugehörigkeit auf verschiedenen Ebenen. Ich habe mit der kosmischen Ebene angefangen, also werde ich mit ihr auch fortfahren. Nachdem ich verschiedene Transitübergänge über mein IC erlebt hatte, wurde mir klar, dass es sich dabei um einen sehr versteckten Bereich des Horoskops handelt, wenn auch anders als beim 12. Haus. Im 12. Haus haben wir zumindest sichtbares oder inneres Chaos oder wir brechen zusammen oder geben uns unseren Süchten hin oder was auch immer wir mit unseren Fluten anfangen mögen. Aber die Themen des 4. Hauses können so persönlich sein, dass sie im Grunde genommen unsichtbar bleiben.

Kommen wir nochmals auf die drei Ebenen zurück, die ich eben erwähnt habe: die externe und physische, die psychologische und die Beziehungsebene, und die innere, spirituelle Ebene. Wir haben begonnen, uns dem IC auf der sehr tiefen, innerlichen und spirituellen Ebene zu nähern – dem Bild des unbekannten Zentrums in den Tiefen des Weltraums. Es ist fast unmöglich, die Tiefen des IC auszuloten, weil wir dafür riesige Bewusstseinssprünge machen müssten. Nehmen wir nur die Tatsache, dass einige der chemischen Verbindungen in unserem menschlichen Körper auch Bestandteile der fernsten Sterne sind. Um das wirklich zu begreifen, müssten wir bis zum Urknall zurückgehen. Einige Menschen glauben, dass es noch andere Zivilisationen in anderen Galaxien oder in anderen Dimensionen des Universums gibt. Die berühmten Philosophen Kant und Swedenborg waren übrigens ebenfalls Anhänger dieser Theorie, auch wenn das vielleicht nicht allgemein bekannt ist.[13]

Wenn wir über diese Art von Wurzeln am IC sprechen, dann müssen wir einem entsprechenden Gefühl für unsere Herkunft auch Raum geben. Ich habe schon Klienten gehabt, die so etwas sagten wie: »Ich bin nicht von hier.« Wenn wir so etwas zu dem falschen Menschen sagen, dann landen wir vielleicht im Krankenhaus oder werden mit Lithium vollgestopft. Aber wer kann schon sagen, dass es nicht stimmt? Bei allem, was derzeit in der Wissenschaft passiert, jenseits der Superstring-Theorie und der Theorie vom großen Ganzen ist man jetzt einem kosmischen Verständnis auf der Spur, dass alles im Universum in zehn verschiedenen Dimensionen geschieht. Die meisten von uns haben schon Schwierigkeiten damit, sich unsere normale 3-D-Welt vorzustellen, ganz zu schweigen von zehn Dimensionen!

Aber das ist keine so außergewöhnliche Vorstellung. In allen Kulturen der Vergangenheit hat man sich über andere Dimensionen der Realität Gedanken gemacht, über andere Reiche als die offensichtlichen, die wir auf der Erde haben: das Pflanzenreich, das Tierreich und das Menschenreich. Aber unsere Erde gehört wiederum zu einem größeren System, und wer weiß, welche anderen Reiche es dort in anderen Dimensionen gibt? Wir sind aller Wahrscheinlichkeit nach nicht die Spitze der evolutionären Leiter. Aber dass wir daran glauben, ist eine Verzerrung, die seit 200 Jahren hier im Westen ihr Unwesen treibt.

Beim IC geht es jedoch auch um die Gefühle, die uns mit unserer Zugehörigkeit in Verbindung bringen, sowohl mit der ortsabhängigen als auch mit der kosmischen Zugehörigkeit. Ich erschwere mir diese Aufgabe gerade, indem ich mit dem größtmöglichen Bild beginne. Ich wollte das eigentlich anders herum angehen, aber was soll's! Also, zu wem oder was gehören wir »am Ende«? Was bringt uns dieses Gefühl tieferer Zugehörigkeit? Denn denken Sie daran, das IC ist »das Ende«.

Persönliche Wurzeln

Eine traditionellere Interpretation beschreibt das IC als Elternachse, den Vater, unsere Familienzugehörigkeit, die Abstammung. »Aus welcher Sippe kommst du?« Das ist eine schöne Frage für das IC! Es beschreibt die Art unserer Familie, auch der weiteren Verwandtschaft, ob wir nun tatsächlich mit ihr zusammen leben oder nicht. Es steht also auch stellvertretend für die Sicherheitsgrundlage der Familie oder die mangelnde Sicherheit. Bis zu einem gewissen Grad gehören auch Dinge wie nationale und rassische Zugehörigkeit zum 4. Haus. Hier befinden wir uns allerdings in einer »Grauzone«, denn dieses Thema zieht sich auch durch das 12. Haus.

Ich glaube allerdings, dass das 4. Haus unmittelbarer ist. Es erzählt davon, wie die Rolle aussieht, die die aktuelle nationale und ethnische Thematik in diesem Leben für uns spielt. Entsprechend hat das 12. Haus mit der tiefen und verborgenen Vergangenheit zu tun. Waren Ihre Eltern, Großeltern oder andere Vorfahren vor 100 oder 200 Jahren vielleicht in Streitereien um Land oder in einen Krieg oder sonstiges verstrickt, etwas, wofür jetzt noch Blut vergossen werden will oder eine Wiedergutmachung zu leisten ist? Oder gab es ein nicht verwirklichtes

Talent oder eine spirituelle Berufung? Das 12. Haus hat eine mehr archetypische »lange her und weit weg«-Qualität. Das 4. Haus dagegen ist unmittelbarer, lunar und natürlicherweise von dem Wasserzeichen Krebs beherrscht. Es ist der Ort unserer unmittelbaren Eltern, unseres Stammes und der gefühlsmäßigen Atmosphäre, die zu Hause vorherrschte.

Der Vater – der versteckte Elternteil

Wenn wir die traditionellere Interpretation des IC heranziehen, dann finden wir auf dieser Achse auch Aussagen über unsere Eltern. An diesem Ende der Achse geht es gewöhnlich um den Vater, aber darüber herrscht eine permanente Uneinigkeit unter den Astrologen. Ich persönlich finde es hilfreich, an die IC/MC-Achse als Elternachse zu denken, dann verschwendet man keine Zeit damit, sich ständig darüber den Kopf zu zerbrechen, was nun richtig ist! Aber das IC als Vater zu betrachten, ergibt großen Sinn, weil es sich hier um den versteckten Elternteil handelt. Wir haben zwar heutzutage Vaterschaftstests, aber es gab eine Zeit, in der die Vaterschaft sehr schwierig zu beweisen war. Eine Frau konnte heimlich ein Kind austragen, das sie von einem anderen Mann als ihrem offiziellen Partner empfangen hatte. Das heißt, das IC symbolisiert das Thema des Geheimnisses und der Macht der Herkunft, sowohl real als auch spirituell.

Totem und Tabu

Das 4. Haus zeigt die Totems unseres Stammes. Viele Eingeborenen haben Totemtiere, heilige Orte oder Totempflanzen, die einen Teil der spirituellen Grundlage der Identität ihres Clans bilden. Und denken Sie daran, wir sprechen vom »Tierkreis«!

In Zimbabwe zum Beispiel, wo ich herkomme, gibt es Clans, die nach verschiedenen Tieren benannt sind. Obwohl sie alle zum gleichen Stamm gehören, hat jede Untergruppe, jeder Clan, ein besonderes Tier, und mit diesem Tier sind dann alle möglichen Tabus verbunden. Wenn man zum Beispiel zum Clan der Fischadler gehört, dann darf man diesen Vogel nicht jagen; und wenn man ihn im Fluss fischen sieht, dann darf man dort nicht fischen, weil es einem nicht gestattet ist, mit ihm um die Fische im Fluss zu konkurrieren. Man darf seine Federn in diesem Fall nicht als einfachen Schmuck tragen, obwohl sie wiederum als heilige Gegenstände für rituelle Zwecke nötig sein können. Das mag uns jetzt zwar alles ein wenig wunderlich und recht hinderlich vorkommen, aber es drückt dennoch einige Prinzipien des IC aus, die dort eine große Rolle spielen. Bei dem Totemsystem geht es zum Teil einfach darum, die Einheit allen Lebens anzuerkennen und unseren speziellen Platz darin.

Das Totem ist nicht nur von zentraler Bedeutung für die Hauptidentität des Clans, sondern es kann auch zum Schutz angerufen werden. Und das zeigt das IC. Von wo und von wem suchen wir Schutz, Segen und persönliche Führung für tiefe, persönliche Angelegenheiten, die mit Familie, Zugehörigkeit und Sicherheit zu tun haben? In unserem Fischadlerbeispiel geht es nicht nur darum, dass der Vogel vielleicht beim Fischen oder beim Fliegen beobachtet wird, sein Geist belebt die Angehörigen des Clans. In diesem Sinne ist das IC wie unser Totem oder wie dieser Geist, der uns aus der Tiefe belebt. Parallele Fragestellungen könnten lauten: »Was gibt Ihnen ein Gefühl der Sicherheit? Was brauchen Sie, um sich aufgehoben zu fühlen?«

Teilnehmer: Oder »Wo fühlen Sie sich zu Hause?«

Melanie: Ja, das IC hat damit zu tun, wo wir uns auf der äußeren Ebene zu Hause fühlen, und wie wir uns auf der inneren Ebene zu Hause fühlen.

Das Totem des Fischadlerclans mit all seinen Tabus ist, wenn wir es einmal auf eine psychologische Ebene übertragen, eine Metapher für die Glaubenssätze, Muster und Verbote, die aus unseren familiären Ursprüngen stammen und die wir anfangs nicht zu übertreten wagen. Das würde nämlich bedeuten, uns aus dem Stamm auszuschließen. Das Krebsige, Lunare, unsere Gefühlsnatur ist darauf ausgerichtet, Verbindungen zu erschaffen und zu erhalten, die uns Sicherheit und Zugehörigkeit schenken, und die die Familien-, Gruppen- oder Nationalitätsmatrix aufrecht erhalten. Für einige Menschen lautet die Aufgabe hier nicht, diese Verbindungen abzubrechen, sondern kreativ in ihnen zu leben und ihr Bedürfnis nach traditioneller Kontinuität zu respektieren. Für andere wiederum geht es gerade um einen radikalen Aufbruch mit den entsprechenden Konsequenzen.

Ich glaube, dass wir wahrscheinlich durch Erlebnisse des 8. Hauses Tabus brechen und so Trennung und Verlust erfahren. Jemand stirbt, wir bauen uns eine eigene Familie auf oder wir verlieren unsere Unschuld und werden hinausgetrieben, häufig durch Erfahrungen emotionaler Auseinandersetzung. Am IC finden wir jedoch immer die versteckten Nachrichten – »du solltest, du musst, du darfst, du darfst nicht«. Sie alle sagen: »Wenn du diese Regeln nicht befolgst, wenn du hier nicht mit uns an einem Strang ziehst, dann bist du nicht mehr in Sicherheit.« Das ist die Message. Dort oben am MC ist es so etwas wie: »Wenn du dich nicht konform verhältst, dann grenzt die Gesellschaft dich aus«, oder »dann bekommst du keine Anerkennung für deine Arbeit.« Aber hier unten am IC ist es die Bedrohung, aus dem Stamm geworfen zu werden, hilflos zu sein in einer weiten Welt voller Fremder, die uns nicht nah und vertraut sind.

Teilnehmer: Ist es unsere Reaktion auf das Unbekannte?

Melanie: Ja. Aber vielleicht beschreibt das IC eher, welche Art von Nest wir brauchen, einen sicheren Ort, an den wir zurückkehren können, wo unsere unmittelbare Realität im Schutze vor dem Unbekannten umschrieben wird – sprich, wie wir uns gegen das Unbekannte schützen.

71

Heim, Herd und Gastlichkeit

Natürlich sind Tabus im Themenkreis des IC häufig auch Dinge, zu deren Überwindung wir den Mut entwickeln müssen, um dann auch die Konsequenzen auf uns zu nehmen. Denn in einer Stammesumgebung bekommen wir großen Ärger, wenn wir Tabus brechen. Es ist so, als hätten wir uns unseren Weg durch das ätherische Netz gebahnt, das einen Stamm oder einen Clan zusammenhält, auf einer spirituellen und einer emotionalen Ebene, und vielleicht auch physisch in Form von Land. Das ist es, was »Heimat« wirklich bedeutet. Heutzutage hat sich unsere ganze Vorstellung von dem Begriff »Heimat« gewandelt, und wir erfahren unser Heim nicht notwendigerweise als eine eingebettete Verbundenheit, wo wir mit dem Rest des Lebens und anderen Existenzebenen in Verbindung stehen. Aber ich glaube, dass Heimat archetypisch gesehen genau das bedeutet. Es ist der heilige Kern, der Herd, der Altar, der Ort, wo wir die Götter, die unser Leben und unser Heim beschützen, willkommen heißen, und wo wir uns im Gegenzug willkommen geheißen fühlen. Es ist die Handlungsgrundlage, um die herum sich die anderen Häuser orientieren, die – verglichen mit dem IC – alle sehr externe Häuser sind. Sie befinden sich außerhalb der Tore der Stadtmauern bzw. außerhalb des heiligen Zirkels oder auf einer anderen Seite davon. Hier tauchen Fragen auf wie: »Was brauchst du, um dich zu Hause zu fühlen? Wie schaffst du dir ein Heim?«

Selbst wenn wir Nomaden wären, die die ganze Zeit unterwegs sind, und unsere Besitztümer beständen aus Kamelen und Teppichen, so würden wir doch unserem »Beheimatungsinstinkt« nachgehen, wann immer wir unser Zelt aufbauen oder unser Feuer anzünden. Sich ein Heim zu schaffen, ist die Aufgabe des IC: »Was brauchst du, um dir ein Heim zu schaffen? Wie orientierst du dich im Raum, in Übereinstimmung mit den Energien deiner Umgebung, mit den Menschen um dich herum? Was tust du? Wie schaffst du es, dich im übertragenen oder im körperlichen Sinne auf diesem Planeten zu Hause zu fühlen?« In meiner Jugend konnte ich mich auf Reisen überall für kurze Zeit zu Hause fühlen, wenn ich in meinem Rucksack ein heiliges Buch, eine Kerze und ein paar Räucherstäbchen hatte, selbst wenn ich in einer schäbigen Jugendherberge war!

Teilnehmer: Was steht bei Ihnen am IC?

Melanie: Wassermann mit Jupiter in sehr enger Konjunktion zum IC. Ich fühle mich am ehesten zu Hause, wenn ich unterwegs bin!

Dann gibt es noch das Gefühl, mit sich selbst im Reinen zu sein. Das ist eine noch subjektivere Ebene, aber beide hängen häufig zusammen. Wenn man sich in seinem tatsächlichen Heim nicht richtig zu Hause fühlt, dann stellt das IC die Frage: »Wie schaffst du dir ein Heim? Was brauchst du dafür?« Jemand, der zum Beispiel Waage am IC hat, muss ganz offensichtlich in einer schönen Umgebung leben, braucht Frieden, Harmonie und Ausgleich zu Hause. In einer Umgebung mit zu viel Lärm oder Nachbarn, die bis drei Uhr morgens Krach machen, würde solch ein Mensch richtig leiden.

Ich denke gerade an jemanden, den ich kenne, mit Zwillinge am IC und Merkur in Skorpion im 9. Haus. Ist natürlich überflüssig zu sagen, dass er etwas von einem Weltenbummler hat, aber auch ein unglaubliches Talent besitzt, eine regelrecht merkurische Geschicklichkeit, sich selbst zu Hause zu fühlen und auch anderen das Gefühl zu geben, zu Hause zu sein. Das ist die anderes Seite des IC: »Wie gibst du anderen das Gefühl, zu Hause zu sein?« In einigen Traditionen ist das Gebot der Gastfreundschaft gegenüber Fremden eine heilige Pflicht.

Wenn wir zum Thema des Heims zurückkehren, dann bedeutet das IC »ich mit mir zu Hause«, in einer sehr persönlichen Umgebung. Das IC steht also auch dafür, wie wir uns geben, wenn wir uns völlig sicher fühlen. Es ist das, was zum Vorschein kommt, wenn wir uns wirklich zu Hause fühlen, und wie wir sind, wenn wir mit nahestehenden Menschen zusammen sind, denen wir vertrauen. Wenn wir ein gutes Verhältnis zu unserer Familie haben und uns in ihrer Gegenwart so richtig »gehen lassen können«, dann finden wir am IC dieses Gefühl des »Zuhauseseins«, was auch immer das für uns bedeutet. Ob das nun heißt, dass wir uns das ganze Wochenende nicht richtig anziehen oder das dreckige Geschirr in der Spüle stehen lassen oder einfach nur rumhängen und uns unterhalten. Das IC ist dort, wo wir wirklich heimkommen und was dabei herauskommt, wenn wir dort sind. Manchmal ist es wirklich eine Überraschung, was man herausfindet, wenn man jemanden richtig gut kennen lernt oder wenn man ihn zum ersten Mal in seiner gewohnten Umgebung erlebt. Die Themen des IC kommen dann zum Vorschein, und das Private, das Persönliche enthüllt sich.

Die Verbindung zum 3. Haus

Teilnehmer: Was ist mit Planeten, die in Konjunktion zum IC stehen, aber noch im 3. Haus sind?

Melanie: Nun, wie alles in Konjunktion zu einer Hauptachse, besteht eine Tendenz zur Personifizierung, und meiner Erfahrung nach finden wir hier gewöhnlich eine Verbindung zum Vater. Ein Planet an dieser Stelle kann allerdings auch ein Geschwister repräsentieren, zu dem wir eine besondere Verbindung haben und das in unseren jungen Jahren oder auch später eine bedeutende Rolle für uns gespielt hat.

Ein weiteres wichtiges Thema des 3. Hauses nahe am IC ist das der Glaubenssätze. Im 3. Haus, das von Zwillinge beherrscht wird, nehmen wir die Welt wahr und machen uns Gedanken darüber, wodurch wir unsere rein sinnliche Art der Wahrnehmung erweitern und die Welt auf eine neue Art und Weise erkunden. Wir beschäftigen uns mit dem Gebrauch von Sprache, dem Erwerb von Kommunikationsfähigkeit und Informationen: wie wir etwas aufnehmen, es wieder herausgeben, es verarbeiten, was wir daraus machen und auch die Konsequenzen, die wir daraus ziehen. Der Tabu-Aspekt des 4. Hauses hat also hier seinen Ursprung.

Teilnehmer: Ich assoziiere mit Tabus immer Pluto.

Melanie: Bei Pluto geht es auf jeden Fall um Tabus, aber ich glaube, es geht dabei mehr um die Angst, die den Prozess begleitet, wenn wir entweder an unseren Tabus festhalten oder sie tatsächlich brechen. Das Tabu selbst ist eine Gedankenform, ein System von Wahrnehmungen und Glaubenssätzen, die durch den emotionalen Klebstoff des Familienverbandes zusammengehalten werden. Und es gibt eine interessante Verbindung der Ebenen, denn in vielen Stammesgesellschaften besteht das drohende Unheil durch den Bruch von Tabus nicht nur in den persönlichen Problemen mit dem Clan, sondern auch in einer spirituellen Problematik, was einen Bezug zum 9. Haus im Übergang zum MC hat. Im 3. Haus finden wir hingegen oft die Art der Gedanken und Glaubenssätze, die das Familiensystem unterstützen. Wenn das 4. Haus ein Nest ist, dann sind die Glaubenssätze des 3. Hauses ein Teil seiner Struktur, wie die Zweige und Blätter, aus denen es besteht, die dann von den Banden der Zugehörigkeit, emotionaler Bedürfnisse und der Sicherheit zusammengehalten werden.

Unter der Erde

In der Stundenastrologie wird das IC als »das Ende der Angelegenheit« betrachtet. Psychologisch ausgedrückt geht es beim IC um die Wurzeln, das Heim, die Sicherheit und den Stamm. Eine Überdosis IC kann jedoch einem Gefängnis ähneln und zu einem regelrechten Grab werden, wo wir Angst haben, uns über die engen Grenzen unserer Ursprünge hinaus zu entwickeln, und demzufolge engstirnig und selbstzufrieden werden. Man sagt, das IC stünde auch für das Ende des Lebens, aber ich verfüge nicht über genügend persönliche Erfahrung, um wirklich zu wissen, ob das so wörtlich stimmt oder nicht. Ich habe zwar einige Beispiele aus meiner Praxis, wo ich Menschen begleitet habe, die sich bewusst auf ihr Lebensende vorbereitet haben, aber leider bin ich da nie auf die Idee gekommen, das IC zu überprüfen.

Das MC – Wohin gehe ich?

Ich wollte eigentlich als nächstes den Deszendenten besprechen, weil er in der Häuserabfolge jetzt dran käme, aber ich glaube, ich mache lieber mit dem MC weiter, da es einen sinnvollen Kontrast zum IC bildet. Das bedeutet dann, dass wir eine Acht um das Horoskop gewebt haben – erinnern Sie sich an das Bild der Figur der Acht?[14]

Die Öffentlichkeit

Das MC ist der öffentlichste Punkt des ganzen Horoskops. Hier begegnen wir der Welt ganz direkt. Wir begegnen ihr natürlich auch am Aszendenten, aber noch als ein Impuls, der die Form sucht, eine Rohform sozusagen. Hier oben am MC ist es, als wären wir dort draußen in der Welt, und die Welt strahlt auch auf uns ein, wirkt auf die Formen, die wir aus diesem Impuls erschaffen haben. Die Himmelsmitte ist der Punkt der Meister- und Errungenschaft, während das IC vielmehr ein Punkt des Seins ist. Der Aszendent ist Feuer, Initiative; das IC ist Wasser, Gefühl und Dasein, aber das MC ist Erde. Hier oben ist der Ort der Meisterschaft, wo wir den Herausforderungen der Welt der dichten Materie begegnen. Wir müssen etwas in eine Form bringen.

Planeten, die in Konjunktion zur Himmelsmitte stehen, spüren diesen Druck sehr stark. Es ist, als laute die Prüfungsfrage:

»Wie gut sind wir persönlich (IC) und im Umgang mit anderen (DC) integriert?« Die Herausforderung heißt: »Wie können wir auf der Ebene der Himmelsmitte tatsächlich die Art von Macht und Autorität darstellen, die von uns verlangt wird?« Hier oben geht es darum, wie wir zu dem Thema Autorität stehen; zu unserer eigenen, zu der von anderen, zu der der Gesellschaft, und darum, wem wir in letzter Konsequenz Rede und Antwort stehen. Hören wir auf unser eigenes Gewissen, auf die gesellschaftlichen Normen oder auf ein bestimmtes religiöses Glaubenssystem?

Schicksal

Stellen Sie sich noch einmal das Bild für das IC vor, wo die Füße von allen Menschen zu einem Mittelpunkt zeigen, aber der Kopf eines jeden auf einen anderen Stern weist. Dieses Bild symbolisiert unseren einzigartigen Sinn für unser persönliches Schicksal, der hier oben in der Himmelsmitte seine Form sucht. Was für einen individuellen Impuls versuchen wir zu verkörpern (AC), der seinen Anfang in einem geschlossenen heiligen Raum nimmt (IC), damit er dann, mit entsprechender Berücksichtigung anderer Menschen und in Verbindung mit ihnen (DC) der Welt am MC angeboten werden kann? In diesem Sinne ist das MC ein Angebot an die Welt. Es ist die Vollendung unserer Existenz auf der Ebene der Form.

Die Mutter – der offensichtliche Elternteil

Wenn wir diese verschiedenen Ebenen betrachten, ist es auch interessant, dass die Himmelsmitte traditionellerweise dem Beruf, der Karriere und unserem Platz in der Welt zugeschrieben wird. Das MC liegt auch auf der Elternachse, und wird gewöhnlich mit der Mutter in Verbindung gebracht. Ganz einfach

77

ausgedrückt, ist unsere Mutter unsere erste Welt. Wir verbringen neun ganze Monate in ihrem Körper, bevor wir geboren werden.

Teilnehmer: Aber der Aszendent hat doch auch mit dem Körper zu tun, oder nicht?

Melanie: Ja, aber auf eine etwas andere Art. Erinnern Sie sich noch an das Beispiel eines Skorpion-Aszendenten, der wiederum mit der Geburt zu tun hat und zeigt, wie einige der Kompensationsmuster sich verkörpern oder sich in ein Verhalten verwandeln, das dann unseren grundsätzlichen Zugang zum Leben beschreibt. Am MC geht es jedoch mehr darum, was wir in der Welt beweisen oder verdienen müssen. Es ist das, was wir erschaffen, und in diesem Sinne auch das, was wir verkörpern, aber es ist auch »außerhalb« von uns, bzw. ein Ausdruck von uns, den wir in den Strukturen erkennen, die zu erschaffen wir uns bemüht haben. Denken Sie daran, es ist das Haus von Saturn.

Hierbei ist es ganz interessant zu sehen, wie diese Themen miteinander verbunden sind – Mutter, Karriere, Beruf, Platz in der Welt. Wenn jemand Transite zum MC hat und zu einer Horoskopsitzung kommt, mögen zwar die Themen, die er zuerst anspricht, beispielsweise mit der Arbeit und seinem Verhältnis zum Chef zusammenhängen, sie sind aber sehr häufig direkt mit tieferen Themen verbunden, die mit der frühkindlichen Beziehung zur Mutter zu tun haben.

Erfolg und Misserfolg

Das MC ist der Ort, der uns unsere Haltung gegenüber Erfolg und Misserfolg zeigt, es eröffnet Themenbereiche, die mit Autorität zu tun haben. Und diese Themen prüfen den Boden, auf dem wir stehen, das IC. Jemand, bei dem es zu Hause immer sehr turbulent zuging, der immer im Streit mit seinen Eltern lag oder vielleicht sogar missbraucht wurde, wird es hier oben bei dem ganzen Autoritätsthema nicht leicht haben. Er nimmt dann entweder ständig eine Kampfhaltung gegenüber allen Autoritätspersonen ein oder er arbeitet sehr hart daran, selbst eine Autorität zu werden, damit ihm so etwas nie wieder passieren kann. Aber das funktioniert natürlich nicht immer automatisch, denn wenn wir, aus welchem Grund auch immer, die Autorität unserer Eltern und der Gesellschaft am IC angefochten haben, dann ist es wahrscheinlich schwierig für uns, selbst in ein ausgewogenes Verständnis von Autorität hineinzuwachsen, das Beziehungen und persönliche Bedürfnisse gleichermaßen berücksichtigt. Am MC werden wir also daraufhin geprüft.

Hohe Erwartungen

Das IC ist so etwas wie die Grundlage und das MC ist die Vollendung. Das IC ist etwas sehr Persönliches, während das MC das öffentliche Ende der Achse ist. In einem gewissen Maße ist es das, was die Welt von uns erwartet. Das ist eine Art, das MC zu betrachten. Für manche Menschen fühlt sich das wie eine enorme Bürde an, für andere wiederum nicht. Saturn am MC stehen zu haben, um ein klares Beispiel zu wählen, fühlt sich oft wie ein großer gesellschaftlicher Druck an. Wir können mit dieser Konstellation nicht einfach nur ein bisschen Verantwortung übernehmen, denn sobald wir das tun, kommen alle an und bitten uns um alles mögliche, und wir ertrinken regelrecht in den Anforderungen. Das ist zumindest das Gefühl, und wir müssen lernen, wo die Grenzen zu ziehen sind, da die Welt uns ansonsten wie ein Ort hoher Ansprüche vorkommt.

Bis zu einem gewissen Grad zeigt die Himmelsmitte auch an, was wir in die Welt projizieren – die Welt ist ein Ort mit hohen Ansprüchen (Saturn) oder ein beängstigender Ort der Unterdrückung (Pluto) oder eine endlose Aneinanderreihung von aufregenden Möglichkeiten (Jupiter). Das MC symbolisiert auch das, was die Welt in uns sieht und was von uns verlangt wird. Wenn wir wieder das Beispiel mit Saturn im 10. Haus am

MC wählen, dann wird einem Menschen mit dieser Konstellation die Möglichkeit geboten, in eine Art von Autorität hineinzuwachsen und ein Gefühl von Respekt zu entwickeln, das aus ihm letztlich auf irgendeine Art und Weise eine Verkörperung von Saturn für die Welt macht. Planeten hier oben sollen der Welt dargeboten werden. Sie sollen aus unserer eigenen Lebenskraft geformt werden, wir sollen sie zum Leben erwecken. Sie sind das Ergebnis unserer eigenen Lebensenergie; hier wird unser Wesen gebildet und der Welt dargeboten. Wir sind es selbst und auch wieder nicht.

Manchmal zeigt das MC auch an, wie wir gerne von anderen gesehen werden, nicht unbedingt von einzelnen Menschen, sondern von der Welt insgesamt. Das ist eine interessante Betrachtungsweise, denn wenn wir im Horoskop z.B. viele widersprüchliche Themen haben oder das Thema des MC dem Rest des Horoskopes stark widerspricht, dann kann uns das Gefühl überkommen, dass wir nicht richtig wissen, wie wir uns darstellen sollen, weil wir uns eben nicht sicher sind, was wir draußen in der Welt sein oder tun wollen.

Mir fällt dazu gerade ein recht deutliches Beispiel ein. Und zwar eine Frau, die Jupiter in Schütze am MC im 9. Haus hatte. Das MC lag in den Endgraden von Schütze und war auch noch in einer, wenn auch weiten, Konjunktion zu Saturn in Steinbock im 10. Haus. Sie hatte zu einem bestimmten Zeitpunkt ihres Lebens unter großer Anspannung gestanden, weil sie etwas wirklich Herausragendes vollbringen wollte und nach Freiräumen suchte, um ihren beruflichen Horizont zu erweitern. Immer wieder hatte sie auch wirkliche Glückssträhnen, ging aber dann entweder zu weit (Jupiter) oder versuchte zu angestrengt voranzukommen (Saturn), und traf dann unvermeidlich auf saturnische Blockaden und Verzögerungen. Erst nach ihrer Saturn-Wiederkehr merkte die Frau, dass sie die Grenzen für ihre Kreativität selbst bestimmen und ihre Energie selbst bewahren musste, sonst würde es die Welt für sie tun, und zwar auf eine weitaus weniger angenehme Art und Weise. Die Frau arbeitete in einem Reisebüro, und obwohl sie für andere Menschen tolle Reisen organisierte, gab es in ihrem Leben eine Zeit, in der grundsätzlich alles schief ging, wann immer sie selbst eine Reise unternahm! Wenn wir also mit Saturn am MC keine angemessene Form und keine Grenzen für unsere Impulse finden, dann begrenzt uns die Welt. Und das ist dann der Ausgleich, der für das Gleichgewicht erforderlich ist.

Vision und Berufung

Hier oben im 9. Haus ist der Ort der Visionen und Möglichkeiten, der auf der Form basiert und der der Welt am MC angeboten wird. Das könnte sich anhören wie: »Okay, das sind die Möglichkeiten, nun lass uns mal sehen, was wirklich daraus werden kann. Lass uns sehen, ob es der Prüfung der Zeit standhält, den Herausforderungen der Gesellschaft, der Welt und so weiter.« Auch die Art unseres Strebens gehört zum MC.

Dieser Bereich des Horoskops hat auch etwas mit dem Beruf zu tun. Im 10. Haus steht das, was in eine Form gebracht werden, was sich zeigen soll. Wenn das über übliche Nullachtfünfzehn-Leistungen hinausgehen soll, dann muss es auf einer größeren Vision beruhen. Wenn wir die innere Ebene des MC als die Grenze zwischen dem 9. und dem 10. Haus betrachten, dann sprechen wir über etwas, das nicht so einfach zu definieren ist. Es ist der Ort des höchsten Strebens in unserem Horoskop. Das 9. Haus wird gewöhnlich mit Sinn, Bedeutung, höherer Bildung sowie der Suche nach Wissen und Erkenntnis in Verbindung gebracht. Es ist aber auch der Bereich der intuitiven Weisheit, die aus unseren eigenen, zutiefst persönlichen Erfahrungen (8. Haus) entsteht, ein Bereich, der uns befähigt, uns auf eine visionäre Art und Weise mit etwas zu verbinden, das über das Persönliche hinausgeht. Das 10. Haus ist der Bereich der Manifestation in der Welt als Ganzem, wo unsere Vision auf den Prüfstand kommt und eine Basis erhält.

Für viele Menschen kann das MC mit ihrem tatsächlichen Beruf, ihrer Karriere und ihrem offensichtlichen Platz in der Welt verbunden sein, für andere wiederum ist die Bedeutung subtiler. In diesem Fall geht es mehr um eine Qualität, auch wenn es sich um ein Erdhaus handelt. Aber was, wenn wir nun einmal Neptun in der Waage am MC haben? Wie »erden« wir Neptun in der Waage? Im Grunde geht das gar nicht. Man kann zwar viele verschiedene Arten von Formen erschaffen, durch die dann die neptunische Energie fließen kann, aber man kann neptunische Energie, oder auch einen beliebigen anderen äußeren Planeten, nicht »erden«, weil sie über das hinausgehen, was ein Einzelner halten kann. Wir sind mit dieser Platzierung ein Diener Neptuns, was wiederum paradox ist, weil das MC der Ort der Meisterschaft ist.

Teilnehmer: Ich verstehe den Unterschied zwischen dem »Erden« einer Energie und dem »Formgeben« nicht.

Melanie: Ich will versuchen, es anders zu erklären. Wenn Sie Musiker sind und auf diese Art mit neptunischer Energie arbeiten, dann formen Sie mit Ihren technischen Fähigkeiten ein Vehikel, durch das die Energie fließen kann. Aber diese können Sie nicht kontrollieren. Sie wird auf magische Weise kommen und gehen, Sie begeistern und vielleicht bekümmern, wenn sie Sie wieder verlässt und der Zauber gebrochen ist. Aber wenn Sie für Neptun am MC kein geeignetes Ausdrucksmittel haben, dann wird die Welt Sie zwingen, selbst dazu zu werden. Dazu fällt mir gerade ein Beispiel ein. Eine Frau mit dieser Konstellation war als Beraterin und Management-Trainerin tätig. Sie war gut in ihrem Job, fühlte sich jedoch dauernd erschöpft, weil die Teilnehmer sie während ihrer Trainings häufig als seelischen Mülleimer benutzten. Es war, als hätten die Teilnehmer Neptun gesehen, den die Frau im Grunde bei ihrer Arbeit zu verbergen versuchte, indem sie sich sehr saturnisch gab. Das wurde so extrem, dass sie bereits langsam begann, die andere Seite Neptuns zu leben: die Opferrolle. Weil ihr gewählter Beruf ihr keine wirklich geeigneten Mittel für den Fluss neptunischer Energie zur Verfügung stellte, wurde sie gezwungen, selbst zum Vehikel zu werden.

Für einige Menschen ist das MC also ihr Beruf, der Bereich für Job und Karriere und steht für das, was wir in der Welt machen, für Andere jedoch kann es eine nicht so sichtbare Berufung sein. Ich erinnere mich daran, dass ich vor vielen Jahren einen Freund hatte, der zu dieser Kategorie gehörte. Er musste für seinen Reisepass seinen Beruf angeben. Bei ihm stand dort »Lebenskünstler«. Unnötig zu erklären, dass damit eine Vielzahl von Fähigkeiten gemeint war, sowohl Berufe, die er ausgeübt hatte, als auch Rollen, die er eingenommen hatte, und natürlich sein Lebensziel. Raten Sie mal, welches Zeichen er am MC hatte?

Teilnehmer: Schütze.

Melanie: Ja! Er war zutiefst davon überzeugt, dass das seine Berufung war – ein Lebenskünstler zu sein. Er befand sich auf einem Weg des Wissens, und alles andere darum herum zu arrangieren, war für ihn das Wichtigste. Wann immer er als Kellner oder Maurer arbeitete oder in welchem Land er sich auch befand, es war von untergeordneter Bedeutung im Hinblick auf seinen inneren Sinn von Berufung.

Weil dies das Herrschaftsgebiet von Saturn ist, fühlen wir uns dort schnell bewertet. Dort oben am MC kann die Angst vorherrschen, etwas falsch zu machen und von der äußeren Welt nicht akzeptiert zu werden, weshalb man dann alle Anstrengungen unternimmt, um den Erwartungen zu entsprechen – seinen eigenen und den Erwartungen anderer. Das kann dann eine einfache Übertragung frühkindlicher Mutterthemen sein, die uns dazu gebracht haben, uns anzupassen, aber es kann auch unser eigenes moralisches Bemühen sein, unseren eigenen Ansprüchen zu genügen, was dann wieder mit den Themen des 9. Hauses im Zusammenhang steht. Die Frage lautet hier also: »Welche Vision (9. Haus) stützt dich, wenn es im Leben schwierig wird (10. Haus)?«

Teilnehmer: Ich kenne einen Menschen mit Neptun am MC,

der sehr, sehr ehrgeizig ist. Er möchte jemand sein, der es wirklich »geschafft hat« in der Welt, aber er scheint ständig die Gelegenheit zu verpassen, oder zumindest nirgendwo wirklich anzukommen. Er ist Schriftsteller, aber mit diesem Planeten scheint für ihn auch ein Schuldgefühl verbunden zu sein.

Melanie: Wo steht Saturn?

Teilnehmer: In Skorpion im 10. Haus, aber schon mehr auf's 11. Haus zu laufend.

Melanie: Bei diesem Menschen weiß ich es jetzt natürlich nicht genau, aber manchmal passiert es, dass wir uns für unseren Erfolg schuldig fühlen. Beispielsweise wenn es bedeuten würde, einen Elternteil oder ein Geschwister zu überrunden, dann fühlt sich der Betroffene eventuell sehr einsam und entscheidet sich dann vielleicht lieber für den Schmerz des Kampfes und des Misserfolgs als für das Alleinsein.

Teilnehmer: Mit Neptun am MC muss man wohl darauf warten, dass der Kosmos einem sagt, was man tun soll.

Melanie: Das ist eine schöne Art, es auszudrücken – man ist der Diener eines Planeten am MC.

Teilnehmer: Ich kann das verstehen, denn ich versuche mich selbst als Schriftsteller und schreibe Romane und andere Texte, obwohl bisher noch nichts von mir veröffentlicht worden ist. Ich habe immer eine Kassette dabei und suche Inspiration und habe auch Zeiten großer Aktivität, verliere dann aber wieder den Faden. Aber erden?

Melanie: Ich habe noch ein anderes Bild, das Ihnen vielleicht helfen kann, denn es bringt das Thema der Kontrolle mit ins Spiel. Wenn wir über die Planeten an den Achsen sprechen, dann gilt hier, dass wir deren Energie nicht erden können, indem wir sie kontrollieren. Wir stehen in ihrem Dienst. Das gilt insbesondere für die äußeren Planeten. Nehmen wir mal ein ganz einfaches Beispiel – eine Person mit Venus im Stier am Deszendenten. Solange es ansonsten keine größeren Schwierigkeiten gibt, kann man sich sicher sein, dass dieser Mensch in der Lage sein wird, einen Partner anzuziehen und ihn auch zu behalten und dass er, wenn eben möglich, auch ein paar Ersparnisse haben wird. Das heißt, die Erdhaftigkeit von Loyalität, Stabilität und verpflichtender Partnerschaft wird sich mit hoher Wahrscheinlichkeit manifestieren. Es ist etwas, das wir verkörpern und einfach dadurch erden, wie wir unser Leben leben. Aber das funktioniert mit den äußeren Planetenenergien so nicht. Wir stehen in ihrem Dienst, und das kann eine ganze Reihe von Bedeutungen haben. Wie zum Beispiel bei dem Musiker, oder Ihrer Poesie. Sie entwickeln Ihre Fähigkeiten im Umgang mit Worten, so dass die neptunische Energie durch Sie hindurchfließen und Sie inspirieren kann und die Worte hervorruft. Aber Sie können sie nicht »haben« oder gar selbst Neptun sein, wenn Sie verstehen, was ich meine.

Teilnehmer: Ja. Ich kann diese Energie nicht haben, weil ich weiß, dass sie immer im richtigen Moment in mich einfließt. Wenn ich dieses Gefühl bekomme, dann ist alles richtig.

Melanie: Aber wenn Sie versuchen würden, Kapital aus dieser Inspiration zu schlagen, sie zu kontrollieren oder festzuhalten, dann würde es nicht funktionieren, und genau das ist der Unterschied. Sie können der Formebene dienen, so dass der Geist von Neptun und Uranus ein Behältnis in Ihnen findet, wenn er sich bewegt, aber Sie können ihn nicht behalten.

Teilnehmer: Man hat nie so richtig das Gefühl, ein Behältnis zu sein, und vielleicht hat man auch Schwierigkeiten mit einer Welt, die von diesem Geist geprägt zu sein scheint. Vielleicht kann ich genau deswegen Ideen oft nicht greifen und sie erden, weil ich empfinde, dass sie mir nicht gehören.

Melanie: Genau. Auf einer Ebene gehören sie Ihnen nicht!

Teilnehmer: Ich wüsste gern, was es mit Pluto am MC auf sich hat.

Melanie: Da, wo Pluto steht, begegnen wir einem sehr kraftvollen Transformationsprozess, in den wir uns auf irgendeine Art und Weise einlassen müssen, selbst wenn es sich anfühlt, als wäre dort unser Leben auf dem Spiel und als wäre es zu gefährlich, uns überhaupt dort hinzuwagen. Aber wissen Sie was?

Man wird ohnehin dahin gezogen! Da, wo Pluto steht, befindet sich die Tür zur Unterwelt unseres Kosmos. Pluto oben an der Himmelsmitte zu haben, ist eine sehr exponierte Stellung, und man kann es sich damit nicht leisten, unschuldig ins Leben hinauszugehen, denn wenn man das tut, wird man wahrscheinlich entführt, bildlich gesprochen. Sie kennen doch sicher alle die Geschichte von Demeter und Persephone und die Entführung von Persephone durch Hades-Pluto. Genau das ist es, was passiert, wenn wir blauäugig in die Welt hinausgehen und Narzissen pflücken. Diese Haltung zieht unmittelbar die Entführung in die Unterwelt nach sich.

Teilnehmer: Diese Haltung kann man sich bei keiner Stellung von Pluto auf einer Achse leisten.

Melanie: Das stimmt. Aber das MC ist besonders exponiert und an ihm geht es um unsere Beziehung zur Welt als Gesamtheit. Die Alternative zur Unschuld ist auch nicht viel sicherer. Das würde nämlich bedeuten, immer auf das eingestimmt zu sein, was unterirdisch vor sich geht, wo sonst niemand hinschaut oder von dem sonst niemand etwas wissen will. Man ist dann entweder ganz allein mit seinen Wahrnehmungen, was eine große Last sein kann, oder man versucht, etwas zu tun oder zu sagen und wird dann dafür als derjenige gebrandmarkt, der die negativen Seiten einer Sache offen anspricht.

Teilnehmer: Was ist, wenn Pluto im 9. Haus steht, aber in Konjunktion zum MC?

Melanie: Das deutet die Transformation unseres intuitiven Verständnisses an, unserer philosophischen Orientierung. Man kann es sich dann nicht leisten, sich Weltanschauungen zu verschreiben, die auf himmelblauem Idealismus basieren. Man braucht eine Philosophie, die auch die dunklen Seiten des Lebens mit einschließt, die einem dabei hilft, einen Sinn in dem absolut Undenkbaren zu sehen oder es zumindest zu akzeptieren, und etwas, das die Unterwelt des eigenen Erlebens wirklich mit berücksichtigt und integriert. Wenn man seiner eigenen Negativität begegnet oder der von anderen, dann muss man einen Kontext zur Verfügung haben, der auch diese Haltung einschließt, sonst fühlt man sich, als würde man vom Rand einer flachen Erdscheibe hinabstürzen! Damit man zu einem solchen Konzept kommt, ist es vielleicht nötig, dass viele kollektive Glaubenssätze transformiert und noch mehr Tabus gebrochen werden, wie wir es eben erwähnt haben, als wir über das IC sprachen.

Wenn das MC etwas ist, wofür wir einstehen sollen, wie die Welt uns sieht und was die Welt von uns erwartet, dann kann es mit Pluto an dieser Stelle schwierig werden. Es kann bedeuten, dass wir unsere Mutter als extrem unterdrückend wahrgenommen haben. Ihr eigenes Erleben von Mutterschaft war vielleicht schrecklich, so als hätte ihre eigene Unterwelt durch unsere Anwesenheit und ihre Gefühlsintensität gedroht aufzubrechen. Wir haben also unser Leben mit dieser Projektion begonnen, und vielleicht das Bedürfnis empfunden, uns vor der Welt zu verstecken, weil wir sie als zu furchterregend oder bedrückend empfanden. Darauf folgt dann eventuell, dass wir genau das unbewusst immer erwarten, dass wir darauf programmiert sind, Pluto für die Welt zu verkörpern; und das sind dann genau die Menschen, die nicht vor die Tür gehen können, ohne Unannehmlichkeiten zu bekommen.

Teilnehmer: Pluto ist ein Katalysator.

Melanie: Ja. Als ich gesagt habe, dass man es sich in einem solchen Leben nicht leisten kann, unschuldig rauszugehen, habe ich das sehr ernst gemeint. Wenn die transformatorische Energie von Pluto Ausdruck durch das Berufsleben oder die Rolle als Elternteil sucht und man das anerkennen und einen Platz dafür finden kann, lautet die Frage: »Wie dienen Sie dieser Energie, ohne dabei selbst hinweggefegt zu werden?« Pluto am MC hat mit Autorität zu tun, mit Position, Profil und Authentizität. Sehr häufig geschieht die Einweihung in plutonische Prozesse über Gefühle der Machtlosigkeit, die sich dann wiederum in Machtfragen verwandeln, bei denen es immer wieder darum geht, Macht zu haben bzw. sich machtlos zu fühlen. Wenn das am MC stattfindet, mögen wir uns vielleicht im Angesicht der Welt machtlos fühlen, mit überwältigender Verantwortung beladen, die wir niemals zu bewältigen glauben. Manchmal ist diese Bürde unsichtbar, so wie Plutos Tarnkappe selbst. Es können unsichtbare emotionale Bürden unserer Mutter oder unserer tiefer führenden Ahnenreihe sein, die durch Situationen in der äußeren Welt im Zusammenhang mit unserer Arbeit, Karriere, unserem Platz in der Welt ausgelöst werden. Dann müssen wir lernen, wie wir loslassen oder um Hilfe bitten können. Das wirft die Frage auf, wem wir letzten Endes Rede und Antwort stehen. Wer ist die letztendliche Autorität in unserem Leben? Das könnte auch eine Frage für das MC sein.

Pluto auf der Himmelsmitte kann sich unter Umständen anfühlen, als sei man durch eine riesige Aufgabe unglaublich belastet, von der man zwar weiß, dass man sie übernommen hat, aber man vielleicht nicht einmal sicher ist, um was für eine Aufgabe es sich genau handelt. Häufig ist es eine von der Mutter übernommene Aufgabe, ihre unerfüllten Ambitionen oder ungeklärten Gefühle, die wiederum mit ihrer Mutter zusammenhängen. In diesem Fall kann man anfangs die Früchte der eigenen Arbeit nicht leicht genießen, weil man niemals sicher ist, für wen man sie eigentlich getan hat – für sich selbst und das eigene Schicksal oder für die Mutter. Mit Pluto in Konjunktion zum MC wird von uns ein hohes Maß an Authentizität verlangt, weil das, was wir aufbauen, auf wackeligen Beinen steht, wenn wir es nur tun, um unserer Mutter zu genügen, der Welt oder »denen da oben«. Denn dann glauben wir nicht wirklich daran. Am MC haben wir ein Bedürfnis danach, etwas zu erreichen, das wir etwas Größerem als uns selbst und unseren Ambitionen widmen möchten. Wenn dieses »Größere« aber unsere Mutter ist oder die Normen der Gesellschaft, dann fühlen wir uns irgendwie betrogen. Es erscheint uns als eine recht unsichere Angelegenheit. In einigen Bücher steht über diesen Aspekt, dass er »den Sturz aus der Höhe« bedeutet, und ich glaube, das ist es, was eigentlich hinter dieser Deutung steht.

Teilnehmer: Genau! Das ist meine Mutter. Sie war Hausfrau, hätte aber gern viele andere Dinge getan, die dann letztlich immer an mir hängen blieben. Sie hatte enorme Erwartungen – »Warum tust du dies oder das nicht?« – und ich dachte immer: »Warum machst du es nicht selbst?«

Melanie: Das ist ein sehr deutliches Beispiel, aber manchmal läuft es gar nicht so bewusst ab. Ich glaube, mit Pluto am MC sind wir aufgefordert, unsere gesamte Vorstellung von Erfolg, Ehrgeiz, Profil und Verantwortung zu transformieren. Wir können nicht einfach nur in die Fußstapfen von jemand anderem treten, dann fallen wir; und das ist wiederum nur eine Art, auf sich selbst zurückgeworfen zu werden. Das scheint seltsamerweise auf alle Planeten im 10. Haus zuzutreffen. Es ist ja von Natur aus Saturns Haus, das darauf hinarbeitet, etwas zu formen und herauszukristallisieren. Es fließt oder verändert sich nicht so leicht. Deswegen muss es zuweilen zerbrochen, dramatisch über den Haufen geworfen oder auch radikal zurückgelassen werden.

Teilnehmer: Genau an dieser Stelle habe ich Saturn und Pluto stehen.

Melanie: Dann haben Sie ein Löwe-MC, richtig? Hier leben also der Wunsch nach Anpassung und das Bedürfnis nach Transformation Seite an Seite. Vielleicht hätten Sie gern dem Bild Ihrer Mutter von sich entsprochen, aber dies hat Ihnen nicht genügend Bewegungsraum gelassen.

Teilnehmer: Ja, genau. Zuweilen fühlt sich weder das eine noch das andere richtig an.

Der Deszendent – Wer bist du?

Wenn wir jetzt zur Spitze des 7. Hauses weitergehen, dem Deszendenten, und dabei als erstes die offensichtliche äußere Ebene betrachten, dann sprechen wir hier über andere Menschen und unsere Interaktionen mit ihnen. Es ist der Ort des »Anderen«, des Ehe- oder Geschäftspartners. Hier bewegen wir uns auf einer Ebene mit anderen Menschen, hier sind Gleichwertigkeit oder ausgehandelte Vereinbarungen über unsere jeweilige Rolle und Verhaltensweise ein Thema. Diese Achse, die Aszendent/ Deszendent-Achse, entspricht dem Horizont, das heißt es geht hier um »horizontale« Beziehungen, nicht um Eltern/Kind-Beziehungen, die mehr mit der IC/MC-Achse zu tun haben.

Der Deszendent und das 7. Haus sind in der traditionellen Astrologie auch der Ort, wo wir unseren offenen Feinden begegnen. Hier drüben, im 12. Haus, sitzen die versteckten Feinde! Im 7. Haus finden wir offene Feinde, die manchmal unser eigener verkleideter Schatten sein können. Hier befinden wir uns auf einem äußerst interessanten Gebiet, das sich sowohl tief im Innern befindet als auch sehr stark auf unsere Beziehungen wirkt.

Trennung

Paradoxerweise ist der Deszendent sowohl ein wichtiger Bereich für Partnerschaft als auch ein Bereich der Trennung. In diesem Eckhaus begegnen wir einem anderen Menschen, einer

von uns getrennten Person, einem Fremden, und die Herausfor-
derung besteht darin, einen Weg zu finden, uns mit diesem
Menschen in Verbindung zu setzen. Es geht nicht darum, mit
ihm zu verschmelzen. Der Deszendent ist der Anfang eines
Lufthauses, das wir mit dem Zeichen Waage assoziieren. Hier
drüben bewegen wir uns nicht mehr innerhalb unseres Clans.
Am IC suchen wir nach Möglichkeiten, mit uns in unseren
Stamm und unseren Kosmos zu integrieren, ob das nun ein paar
Häuserblöcke in der Nachbarschaft mitten in einer Stadt sind,
eine allein erziehende Mutter oder eine 2000 Quadratkilometer
große Farm, auf der viele Verwandte leben. Es ist unser Zuhause.

Am Deszendenten aber sind wir fern von Zuhause, außerhalb
des Nests. Wir könnten unsere Fragestellung vielleicht erweitern auf: »Wer bin ich, wenn ich alleine bin und in Beziehung zu
einem anderen Menschen trete?« Ich bewege mich hier nicht
mehr auf vertrautem Boden, und ich kann nicht »einfach nur ich
selbst« sein, weil es da draußen jemanden gibt, den ich etwas
angehe und der mich etwas angeht. Das ist das 7. Haus, und sein
Gebiet umfasst das ganze Feld der zwischenmenschlichen Beziehungen und Handlungen, mit all ihren Nuancen von Liebe,
Hass, Anerkennung, Rivalität und Gegenseitigkeit.

Gleichberechtigung und der edle Rivale

Der Deszendent ist der Beginn des Kampfes um Gleichberechtigung, und ich benutze dieses Wort mit Bedacht! Es gibt Menschen, die ein falsches Spiel treiben, solche, die ein faires Spiel
spielen, einige, die andere dazu bringen, die Drecksarbeit zu
tun, und wieder andere, die mit einer blutigen Nase vom Spiel-
platz nach Hause kommen! Manche Menschen sind subtil, andere taktlos, einige glätten die Wogen, andere machen ordent-
lich Wind. Ob es nun so scheint oder nicht – hier ist ein Kampf-
platz. Auf der tiefsten Ebene ist es der Ort, an dem wir bei

Venus, der Göttin der Liebe, in die Lehre gehen, und das genau ist der Grund, warum sich hier zeigen kann, ob wir liebevoll gehandelt haben oder nicht. Wir kämpfen im gleichen Maße mit uns selbst wie mit dem Anderen, um die Fähigkeiten zu entwickeln, die es uns erlauben, zu einem anderen Menschen in angemessener Weise in Beziehung zu treten. Das 7. Haus ist die Schlichtungsstelle, die alle Missverständnisse zwischen den betreffenden Parteien klären soll, damit diese Probleme nicht vor Gericht ausgetragen werden müssen! Also, die Verbindung zur Venus deutet das Wertethema an, und im 7. Haus bringen wir jemandem genügend Wertschätzung entgegen, um mit ihm in Beziehung stehen zu wollen, sei es in Liebe oder in Rivalität oder auch in einer Mischung aus beidem.

Rudhyar sagt etwas sehr Interessantes über das 7. Haus, nämlich dass hier die sozial sanktionierten Beziehungen stattfinden, die Beziehungen, die einen wichtigen Teil des sozialen Gefüges bilden, sprich des MC. Es gibt viele andere Horoskopbereiche, in denen das Thema Beziehung auch eine Rolle spielt, wie z.B. das 5. Haus, in dem es um Herzensangelegenheiten, Romanzen und Entspannung geht, oder das 11. Haus, in dem die Themen Freundschaft oder Wahlverwandtschaften angesprochen sind. Das 8. Haus ist die wirkliche emotionale und erotische Tiefe einer Beziehung und hat nichts mehr mit dem sozial Akzeptierten zu tun. Es ist das, was im Schlafzimmer passiert und auf den Kontoauszügen steht, und das, was wir gewöhnlich vor den anderen verbergen, auch wenn es vielleicht mit der gesellschaftlich anerkannteren Seite der Beziehung einhergeht.

Was Rudhyar meint, ist, dass sich heutzutage viele Beziehungen nur auf dieser horizontalen Ebene abspielen, weil sich die Strukturen der Gesellschaft und die Form des Familienlebens verändern. Auf einer kollektiven Ebene wissen wir nicht mehr so genau, wo es langgeht, weil sich die Familien- und Gesellschaftsstrukturen – die IC/MC-Achse – so verändern. Dadurch wird die Beziehung zwischen Einzelpersonen mehr gefordert. Es geht um Sie und mich, Mann und Frau, Frau und Frau, Mann und Mann, in Liebe oder auch in Rivalität, und sie alle suchen nach neuen Wegen der Beziehung, ohne die Sicherheit kultureller und sozialer Sitten und Gebräuche. Allein schon, wer zuerst durch eine Tür geht, kann zu einem höchst brisanten Thema werden! Das betrifft aber wiederum nicht das 8. Haus, denn die Wahrheit und Erfahrung des 8. Hauses kommen aus der Unterwelt – aus dem Bauch heraus, einer Ebene, die im Ritual des Kennenlernens noch nicht unbedingt enthalten ist.

Auf der Balz

Am Deszendenten finden wir unser Balzverhalten. Nicht nur, um jemanden ins Bett zu kriegen, sondern als Kennenlernritual an sich, oder, mit den Worten von Antero Alli, so wie bei einem Pfau, der sich zeigt. Alli ist der Auffassung, dass man den Deszendenten nicht wirklich mit einbeziehen kann, solange man seine »Maske« – den Aszendenten – »nicht fallen lässt«, um zu dem zu werden, was man in der Gegenwart anderer Menschen sein soll, und um die wertvolle Polarität in sich selbst zu entdecken, die man in Beziehungen entwickelt.[15]

Teilnehmer: Aber ich kann meinen Aszendenten doch nicht wirklich loswerden.

Melanie: Nein, das geht nicht. Ich glaube, was Antero Alli mit »seine Maske fallen zu lassen« meint ist, dass man vertraut genug damit umgeht, wer man am Aszendenten eigentlich ist, damit man dann ein bisschen mehr Spielraum hat. Dann hängt nicht zwanghaft an dem Image, das man der Welt von sich präsentiert, ohne es selbst zu merken.

Beim 7. Haus muss ich immer an das Bild eines Fechtturniers denken, weil es ein potenziell tödlicher Kampf ist, der aber auch wahnsinnig ästhetisch ist – da haben wir dann die Verbindung zu Waage und Venus. Es ist ein stilisierter Wettbewerb, fast schon ritualisiert, mit vielen Regeln, aber man kann immer noch verletzt werden. Man kann einen Stoß erhalten, wenn man nicht aufpasst. Im 7. Haus geht es um Beziehungen mit gesellschaftlichen Konsequenzen – wie wir manövrieren, verhandeln und schlichten, um einem größeren Zweck zu dienen. Das ist keine große philosophische Vision, aber es sind doch die Prinzipien für den richtigen zwischenmenschlichen Umgang, denn diese bilden wiederum einen Teil des Gefüges sowohl unseres individuellen Lebens als auch unseres Gesellschaftslebens. Unser Balzverhalten ist hier so etwas wie ein Tanz, der sich um den Aufbau einer Beziehung mit Konsequenzen dreht: ein Haushalt, eine Familie, oder im Falle einer Geschäftspartnerschaft ein Unternehmen, das auch ein Profil in der Gesellschaft besitzt.

Wie wir Beziehungen anfangen und beenden, kann man vielleicht auch aus dem Deszendenten ersehen. Jemand mit Uranus am Deszendenten z.B. oder mit Wassermann, könnte Beziehungen führen, die plötzlich beginnen oder enden, so schnell, dass die Gefühle kaum hinterherkommen und für eine Weile abgeschnitten sind. Vielleicht ist das dann auch tatsächlich für eine Weile nötig, um eine Einsicht zu gewinnen oder um Bilanz zu ziehen. Eine Variation des Themas könnte eine Partnerschaft sein, die unter ungewöhnlichen Bedingungen anfängt oder geführt wird.

Projektion

Der Deszendent ist sehr empfänglich für Projektion, obwohl auch jeder andere Teil des Horoskops in der Projektion erlebt werden kann. Projektion ist etwas, das wir an uns selbst nicht wahrnehmen. Entweder, weil es sich außerhalb des gesellschaftlichen Kontextes befindet, in dem wir groß wurden, oder weil wir diesbezüglich irgendwelche Glaubenssätze haben. Was auch immer der Grund dafür sein mag, der Deszendent kann unser »blinder Fleck« sein. Andererseits sollen wir Planeten, die sich in Konjunktion zum Deszendenten befinden, ja gerade in

Verbindung mit anderen Menschen erleben. Wir können den Deszendenten nicht ganz alleine entdecken, und er wird aller Wahrscheinlichkeit nach Eigenschaften von uns zeigen, die wir am besten mit anderen Menschen gemeinsam entwickeln können, zumindest am Anfang. Und ganz besonders dann, wenn diese Eigenschaft, dieses Element, etwas schwach besetzt ist. Wenn der Deszendent z.B. das Wassereckhaus ist, dann brauchen wir andere Menschen, um mit unseren Gefühlen in Verbindung zu stehen. Wenn er aber für ein Feuereckhaus steht, dann stimulieren andere Menschen unsere Vorstellungskraft und unsere Kreativität, usw. Man sollte jedoch nicht vergessen, dass es sich hierbei um ein Lufthaus handelt. Obwohl es ein Bereich ist, in dem es um Gefühle geht, um Beziehung, wird der Deszendent uns immer unsere Fähigkeit zeigen, aus zwischenmenschlichen Beziehungen zu lernen, Partnerschaftserfahrungen zu verarbeiten und uns in unseren grundlegenden Überzeugungen durch Partner herausfordern zu lassen. Wir lernen hier eine Menge, indem wir Seiten an uns entdecken, die wir nicht zu haben glaubten, und werden so eines Besseren belehrt!

Da der Deszendent idealerweise ein Quadrat zum MC und zum IC bildet, begegnen wir hier den Überbleibseln unserer Beziehung zu unserer Mutter und unserem Vater. Die Verbindlichkeit des 7. Hauses – denken Sie daran, Saturn steht in der Waage erhöht – bringt eine Reihe von Mustern, Erwartungen, Rollenmodellen und unerledigten Angelegenheiten aus der Vergangenheit (IC) hervor. Die Wahrnehmung und der Umgang damit gehören zum 7. Haus, obwohl die Transformation all dessen durch Erlebnisse des 8. Hauses, also durch Hingabe, Loslassen, Verlust und Gefühlsintensität geschieht. Eine Persönlichkeit, deren Deszendent stark ausgeprägt ist, wird in der Lage sein, sehr komplexe emotionale Situationen relativ leicht zu überstehen, weil sie über ausgeprägte Beziehungsfähigkeiten verfügt. Und zwar in dem Sinne, dass sie die Dinge in einem sozial verträglichen Rahmen reibungslos am Laufen hält. Denn dem 7. Haus geht das 6. Haus voran, wo wir versuchen, effizient zu sein, unsere Ressourcen zu maximieren und die Dinge in Gang zu halten. Im Bereich des 8. Hauses werden ganz andere partnerschaftliche Fähigkeiten von uns verlangt.

Der Kampf um Gleichberechtigung, den ich erwähnte, hat auch mit unseren Projektionen auf unsere Eltern zu tun, wenn sich nämlich unser Partner auf einmal in den herablassenden Vater oder in die manipulative Mutter oder in den idealisierten Bruder verwandelt. Vielleicht werden wir dann auf einmal zum verängstigten Kind oder zum rebellischen Jugendlichen. Das alles zu beobachten und Wege zu finden, damit umzugehen, das ist die Kunst am Deszendenten. Der Ausspruch »Dazu gehören immer zwei« bezieht sich auf den Deszendenten und das 7. Haus und bedeutet, dass eine gemeinsame Unternehmung so etwas wie ein Seil ist, mit zwei Enden. So lange wie beide es festhalten, kann zuweilen Spannung entstehen. Vielleicht liegt die größte Gefahr dabei darin, negative Urteile zu fällen – das Symbol der Waage. Und die größte Kunst ist es vielleicht, das Seil loslassen zu lernen und zu schauen, was dann passiert!

Teilnehmer: Es ist wirklich schwierig, wenn man einen Deszendenten hat, der stark unter Spannung steht, weil man dann zu viel Gewicht »nach draußen« verlagert und den projizierten Teil zu idealisieren beginnt.

Melanie: Ja, man kann natürlich auch die eigenen guten Seiten auf andere projizieren. In diesem Fall ist es vielleicht günstig, den Deszendenten als ein Ende von zwei Achsen zu betrachten, bzw. als einen von vier Punkten. Wenn wir einen überladenen Deszendenten haben, dann bedeutet das, dass wir eine Menge Energie von anderen Menschen erhalten und dass wir mit anderen extrem stark interagieren. Das soll dann auch so sein und ist in so einem Fall das Muster des eigenen Lebens, kein Symptom, das man loswerden muss.

Aber man kann immer mal wieder nach den anderen kardinalen Häusern schauen, sozusagen als Ausgleich. Nehmen wir z.B. das IC. Wenn wir es verstehen, uns ein Heim, einen heiligen Raum zu erschaffen, dann hilft uns das dabei, Erlebnisse in Erfahrungen umzuwandeln, und aus Erfahrungen wiederum Nahrung für unsere Seele zu gewinnen. Da unten ist es wie im Mutterleib, dort reifen die Dinge, und auf einer tieferen Ebene geht es am IC um unsere Beziehung zum Kosmos, einschließlich anderer Menschen, aber der Schwerpunkt liegt nicht ausschließlich bei anderen. Wir nähren dort unten die Seele, käuen Erfahrungen wieder, wie Kühe ihr Futter. Daraus kann ein Bewusstsein unserer selbst entstehen, das dann wiederum auf den Aszendenten reflektiert wird, vorausgesetzt wir lassen diesem Vorgang genügend Zeit und kauen unsere Erfahrungen gründlich durch. Wenn Sie sich alle kardinalen Häuser als miteinander verbunden vorstellt und diese Verbindungen untersucht, hilft Ihnen das vielleicht weiter.

Der Partner

Teilnehmer: Zeigt dieses Haus unseren Partner?

Melanie: Das steht zumindest in einigen Büchern! Diese Frage bedarf ganz offensichtlich einer genaueren Überlegung. Wie ich schon sagte, sollen wir die Eigenschaften des Deszendenten zum Teil durch die Verbindung mit anderen Menschen entdecken. Der Deszendent ist also der Bereich, indem uns die Beziehung zu einem anderen Menschen herausfordert, die letzten Gewohnheiten aus der Beziehung zu unseren Eltern abzulegen und ein Maß an Gleichberechtigung und Harmonie zu finden, das ausreicht, um eine überlebensfähige Partnerschaft zu führen. Aber so weit zu gehen, dass der Deszendent tatsächlich den Lebenspartner beschreibt …? Das kann funktionieren, aber ich wäre vorsichtig, es als etwas Absolutes zu betrachten. Diese Art des Denkens kann zerstörerische Gedankenmuster und negative Erwartungen auf den Plan rufen – Vergleiche nämlich. Dabei werden dann entweder wir selbst oder jemand anderes bewertet. Viel tiefer liegende Dinge sind dafür verantwortlich, dass Menschen zu Lebenspartnern werden. Das heißt nicht, dass in dieser Aussage nicht auch ein Stück Wahrheit stecken mag, aber ich glaube, es hat mehr mit dem »inneren Partner« zu tun, der sich im Außen manifestieren kann oder auch nicht.

Anders ausgedrückt bezeichnet der Deszendent eindeutig unsere andere Hälfte. Einige Menschen kennen und leben diese Dimension von sich selbst, während andere es über einen Partner erleben. Weder das eine noch das andere ist falsch. Um ein Beispiel zu nehmen: Wenn jemand einen Steinbock-Aszendenten hat, dann ist sein genereller Zugang zum Leben von Saturn geprägt. Er mag vielleicht etwas vorsichtig sein, zurückhaltend und seine persönlichen Gefühle nur zögernd äußern. Dieser Horoskopeigner schätzt Dinge, die einen eingebauten Kilometerzähler haben, die dauern und auf die man sich verlassen kann, und er lässt andere erst nach einer gewissen Zeit an sich heran. Dieser Mensch pickt sich etwas trübsinnig und voller Ernst aus seinem Ei frei. Aber hier drüben, am Deszendenten, ist seine Unterseite, der Krebs. Dieser ist auch sehr um Selbstschutz bemüht. Aber wenn er »die Maske fallen lässt«, dann ist er ein Krebschen mit weichem Bauch, ohne harte Schale, ein Tierchen, das nach absoluter Intimität sucht, die totale Verschmelzung will und das in der Schale drin sein möchte, nicht draußen, wo es versuchen muss, hineinzukommen. Daran sehen Sie, wie beides zusammenspielt.

Vor dem Treffen

Teilnehmer: Was ist mit Planeten in Konjunktion zum Deszendenten, aber im 6. Haus?

Melanie: Der Deszendent ist natürlich genauso das Ende des 6. Hauses wie der Anfang des 7. Hauses. Ich betrachte das 6. Haus als einen Ort der Vorbereitung. Es steht mit dem Zeichen Jungfrau in Beziehung, wird also von Merkur beherrscht, und hat mit dem Prozess des Ordnens materieller Ressourcen zu tun, wie etwa Zeit, Energie und Geld, und damit Routinen zu erschaffen und Rhythmen zu folgen, die die Produktivität sicherstellen. Hier muss alles richtig funktionieren und auch für andere nützlich sein. Das ist die Helferachse, die wir auch mit Dienstbeziehungen, mit dem Verhältnis zwischen Chef und Angestellten in Verbindung bringen – anders gesagt, mit nicht gleichberechtigten Beziehungen. Es ist der Bereich der Lehre, des Lernens und Perfektionierens unserer Fähigkeiten; hier geht es um Hingabe an eine Aufgabe, um die eigene Vervollkommnung und um Disziplin. Dieses Haus wird traditionsgemäß auch mit der Heilkunst in Verbindung gebracht, besonders, wenn die Schnittstelle zwischen Geist und Körper besonders angesprochen wird. Es ist eines der Gebiete, die mit körperlicher Gesundheit zu tun haben.

Planeten in Konjunktion zum Deszendenten, aber im 6. Haus sind dem Dienst gewidmet, der eigenen Vervollkommnung und dem Nutzen. Eine besondere Herausforderung besteht in der Art, Beziehungen zu führen, weil erst am Deszendenten das Thema der Gleichberechtigung dazukommt. Die Gefahr im 6. Haus ist das Gefühl, sich ständig in Vorbereitung auf etwas zu befinden, und dabei den Sinn dafür zu verlieren, wozu das alles gut ist. Deswegen kann mit einer solchen Konstellation sehr viel Hingabe angezeigt werden, wo ein anderer Mensch das Objekt der eigenen Hingabe wird, vor dem man sich minderwertig, unzulänglich und wertlos fühlt. Die Hingabe kann sich aber auch im Bereich der eigenen Arbeit zeigen, in einer aktiven Hilfsbereitschaft und im ständigen Bemühen um die Verbesserung der eigenen Fähigkeiten.

Zeit für Fragen

Gibt es an diesem Punkt irgendwelche Fragen oder noch unklare Zusammenhänge?

Teilnehmer: Ich habe gerade an das 3. Haus als die unmittelbare Umgebung, die Nachbarschaft gedacht. Können Sie mehr darüber im Zusammenhang mit der Bedeutung des IC sagen?

Melanie: Ja. Unter anderem beschreibt das 3. Haus die Art von Eindrücken, die auf uns einströmen, wenn wir anfangen zu krabbeln, zu laufen und zum ersten Mal zu sprechen sowie die »Schlussfolgerungen«, die wir daraus ziehen. Ist unsere unmittelbare Umgebung (unsere »Welt«) ruhig, laut, dreckig, sauber, einsam oder voller Menschen? All diese Begriffe lernen wir langsam, setzen sie dann mit unserer eigenen Erfahrung in Beziehung und nehmen so Bewertungen vor. Ich denke deshalb an das 3. Haus oft als unsere »mentale Umgebung«. Das ist besonders heutzutage von großem Interesse, weil die mentale Umgebung, zumindest für Städter, von unvorstellbarer Komplexität ist. Im 3. Haus geht es also auch darum, welche Glaubenssätze wir aus der Zeitung, dem Fernsehen, aus der Straßenreklame, den Nachbarschaftstratsch usw. übernehmen. Es ist der unmittelbare Einfluss von Vorstellungen, nicht deren umfassendere Auswirkungen. Zu unserer mentalen Umgebung gehören Dinge wie, ob wir in einem Haus wohnten, wo es in jedem Zimmer einen Fernseher gab, oder in einem ohne Fernseher. Haben Sie als Kind gelesen? Wenn ja, was? Was waren Ihre mentalen Beziehungen zur Außenwelt, auch in Bezug auf Erziehung und Schule?

Von klein auf verbringen die meisten Menschen mehr als die Hälfte ihrer Wachstunden nicht zu Hause, sondern in der Schule. Erziehung bedeutet also nicht nur das Lernen von Fakten. Es kann auch der erste Ort außerhalb von zu Hause sein, wo unsere Weltanschauung geprägt wird. Schauen Wenn wir nicht genügend Halt im lunaren Sinne des IC erfahren, dann sind wir anfälliger dafür, von kollektiven Ansichten beeinflusst zu werden. In diesem Sinne ist das 3. Haus wegen seiner Verletzlichkeit als erstes Lufthaus der Bereich des konditionierten und doch noch nicht urteilsfähigen Verstandes.

Teilnehmer: Könnten Sie noch etwas mehr über den Aszendenten und den Deszendenten in Bezug auf das Bild der Maske sagen?

Melanie: Ja. Vielleicht können wir dieses Bild auf alle kardinalen Häuser anwenden. Der Aszendent wäre dabei am ehesten die Maske, die man anfangs nicht einmal selbst wahrnimmt, die aber die anderen durchaus sehen. Das IC wäre idealerweise der Ort, wo es am sichersten ist, ohne Maske herumzulaufen, während das MC die Maske wäre, die wir extra für die Anforderungen der Welt kreieren und für unser Bedürfnis, unseren eigenen Lebensimpuls zu manifestieren. Dann ist da noch der Deszendent. Erinnern Sie sich an die Metapher des Fechtturniers und des Kampfes um Gleichberechtigung? Eine Fechtmaske hat Löcher, damit man hindurchsehen kann, aber das Gesicht wird immer noch geschützt.

Teilnehmer: In welcher Beziehung stehen die Eckhäuser zu den Gauquelin-Sektoren?

Melanie: Einige sagen, in gar keiner, aber ich glaube schon, dass es da eine Beziehung gibt, und ich will Ihnen auch sagen, warum. Vielleicht kennt der ein oder andere von Ihnen die Arbeit von Michel Gauquelin. Er war ein bekannter französischer Forscher, der statistische Untersuchungen in großem Umfang betrieb. Er begann seine Forschungen sehr skeptisch und wollte eigentlich die Astrologie widerlegen, kam aber im Laufe der Jahrzehnte seiner Arbeit zu Ergebnissen, die die Astrologie ganz und gar nicht widerlegten, sondern ihn von ihrer Gültigkeit überzeugten. Er hat dann den Rest seines Lebens diesen Forschungen gewidmet. Einer der bekanntesten Aspekte seiner Ergebnisse dreht sich um die sogenannten »Gauquelin-Sektoren«. Diese Sektoren fand er durch die Untersuchung von Menschen, die herausragende und ganz offensichtliche Beispiele für bestimmte Planetenenergien waren, indem er feststellte, wo der Hauptsignifikator im Horoskop stand. Gewöhnlich sagte man, dass Planeten stark seien, wenn sie an den Achsen und im 1. Haus stehen. Das war eines der Gebiete von Gauquelins Untersuchungen, das nicht zur traditionellen Deutung passte, denn er fand einen Höhepunkt der Aktivität in dem Häuserbereich direkt hinter den Achsen, in den sogenannten fallenden Häusern – also im 12., 3., 6. und 9. Haus.

Es ist wohl überflüssig zu sagen, dass dieses Ergebnis eine große Debatte nach sich zog. Ich würde dazu gerne zwei Dinge erwähnen, über die Sie nachdenken können. Das ist erstens der Punkt, dass wir nie genau wissen, welche Zeit als Geburtszeit aufgeschrieben wird, obwohl man in Frankreich die Zeiten sehr gewissenhaft notiert. Aber selbst wenn ein Arzt eine Geburtsurkunde ausstellt, gibt es immer noch keine Garantie dafür, dass die Zeit auch aus astrologischer Sicht richtig ist. Der Geburtsaugenblick ist der Augenblick des Durchtrennens der Nabelschnur, weil das der erste körperlich unabhängige Moment ist, der erste getrennte Atemzug. Ich denke, das ist das Prinzip, was dahinter steht. So beschreibt es zumindest Dane Rudhyar, und ich bin sicher, er ist nicht der einzige. Die Chancen, dass genau dieser Augenblick notiert wird, sind äußerst gering, es sei denn, jemand ist sich dessen bewusst und schaut zu dem Zeitpunkt auf die Uhr, indem die Nabelschnur durchtrennt wird.

Es ist sehr schwierig, ein Horoskop mit diesem Grad an Genauigkeit zu bekommen, es sei denn wir haben das Glück, Eltern zu haben, die das verstehen, oder wir haben eine Geburtszeitkorrektur gemacht. Das Interessante daran ist, dass selbst ein in diesem Sinne ungenaues Horoskop für den Zweck einer Horoskopberatung ausreichen kann. Es gibt da einen Faktor X, eine mysteriöse Orakelfunktion, die mitspielt und uns daran erinnert, dass die Astrologie eine lebendige Kunst und Wissenschaft ist, die uns vielleicht davor bewahrt, den Versuch zu unternehmen, zu clever zu werden! Das ist zumindest meine Ansicht.[16] Die Frage, in welchem Maße diese offensichtliche Abweichung, diese »Grauzone«, statistische Auswertungen im großen Stil verzerren kann, bleibt nach wie vor offen und wurde meines Wissens noch nicht geklärt.

Die Schwerpunkte der Gauquelin-Sektoren liegen kurz hinter der Mitte eines fallenden äqualen Hauses, »hinter« den Achsen sozusagen. Je nach Jahreszeit der Geburt würde ein Spielraum der Geburtszeit von nur 20 Minuten schon einen großen Unterschied für die Lage dieser Schwerpunkte ausmachen. Ich habe Ärzte und Hebammen danach gefragt, und sie sagen, dass die notierte Zeit häufig ein bisschen später ist als das tatsächliche Durchtrennen der Nabelschnur, was dann im Nachhinein beim offiziellen Eintrag wieder über den Daumen herausgerechnet wird. Wenn die Nabelschnur aber zum Beispiel sehr früh durchtrennt wird, dann berücksichtigt das niemand. Leider bringt man bei uns der Bedeutung der Geburtszeit für das zukünftige Leben eines Menschen nicht so viel Verständnis entgegen wie in Indien oder anderen östlichen Ländern.

Teilnehmer: Ich interessiere mich für die zwei verschiedenen Arten von Beziehung des 6. und des 7. Hauses, mit dem Deszendenten dazwischen. Können Sie darüber noch etwas sagen?

Melanie: Weil das 6. und das 12. Haus die Helferachse ist, lautet hier die Frage: »Wem oder was diene ich?« Mit Planeten in Konjunktion zum Deszendenten kann dies für Beziehungen wichtig werden, weil die Neigung, sich selbst abzuwerten, sehr stark ausgeprägt ist. Die positive Seite davon ist die aktive Hilfsbereitschaft, das eigene Können, die eigenen Ressourcen und wer man ist, in den Dienst von etwas Größerem zu stellen. Aber ich glaube, dieses »etwas Größere« sollte aus dem 12. Haus kommen, aus dem Reich der Archetypen oder den spirituellen Dimensionen. Wenn es aus dem 7. Haus kommt, also von einem anderen Menschen, dann kann das Unterdrückung oder Unterwerfung bedeuten. Dann haben wir eine Beziehung mit einer Dynamik von Herr und Diener, anstelle eines Dienens, das mehr auf Gegenseitigkeit beruht.

Genauso können Menschen, die eine Betonung des 6. Hauses in der Nähe des Deszendenten haben, sich zu Aktivitäten hingezogen fühlen, die im weitesten Sinne Dienstleistungen sind. Ebenso haben Sie eine Neigung zur Arbeit mit Menschen – vielleicht zu heilenden Berufen oder der Zusammenarbeit mit jemandem, in der sie eine sehr unterstützende Rolle, etwa als persönlicher Verwalter, Assistent oder Sekretärin einnehmen und in der sie sich um all die praktischen Details auf einer für jemand anderen sehr irdischen Ebene kümmern. Je nach den beteiligten Zeichen und Planeten kommt durch diese Stellung am Deszendenten im 6. Haus natürlich dieses seltsame Ungleichgewicht in den Beziehungsbereich, in dem es ja eigentlich um eine Bewegung in Richtung Gleichberechtigung geht. Macht das die Sache für Sie ein wenig klarer?

Teilnehmer: Ja. Ich habe die Sonne in Wassermann in Konjunktion zum Deszendenten, der wiederum in den Fischen liegt, und ich habe mich häufig in Situationen wiedergefunden, wo ich soviel gegeben und geholfen habe, dass ich mir am Ende wie ein Fußabtreter vorkam!

Melanie: Mit Wassermann kann der Wunsch, für die Gruppe oder aufgrund von starken Glaubenssätzen und Prinzipien hilfreich sein zu wollen, manchmal persönliche Gefühle und Bedürfnisse verschleiern.

Teilnehmer: Wenn die IC/MC-Achse die Elternachse ist, sehen wir die Großeltern dann auch an den Achsen?

Melanie: Wenn wir das IC als Vater betrachten, dann werden seine Mutter und sein Vater wiederum durch den Aszendenten bzw. den Deszendenten repräsentiert, weil das 7. Haus das 4. vom 4., und der Aszendent das 10. Haus vom 4. aus gesehen ist. Der Aszendent ist also auch der Bereich der Mutter meines Vaters, und der Deszendent ist der Bereich des Vaters meines Vaters. Für die Eltern der Mutter ist es dann genau andersherum, also ihre Mutter findet sich an meinem Deszendenten und ihr Vater an meinem Aszendenten.

Interessanterweise wechseln die Generationen auf den beiden Achsen hin und her, von der vertikalen zur horizontalen und wieder zurück, wie das Rad des Schicksals oder ein Inkarnationsstrudel. Es heißt oft, dass sich Großeltern besser mit ihren Enkeln verstehen als die Eltern mit ihren Kindern, wofür es natürlich offensichtliche Gründe gibt, wie etwa den unmittelbaren Druck, der innerhalb einer Familie ausgeübt werden kann. Umso spannender ist es, dass sich diese Beobachtung auch im Horoskop widerspiegelt. Mit anderen Worten, die vertikale Achse entspricht den Eltern, während die horizontale, bei der das Gefühl von Autorität vielleicht weniger stark spürbar ist, den Großeltern entspricht. Diese leben auf der Achse, auf der es grundsätzlich um »Wer bin ich?« und »Wer bist du?« geht.

Und das gilt oft sehr wörtlich, wie zum Beispiel bei mir selbst. Ich habe Skorpion am Aszendenten, und meine Großmutter väterlicherseits hatte eine Skorpion-Sonne; ihr Ehemann, mein Großvater, war zwar eine Waage-Sonne, hatte aber einen sehr prominenten Saturn im Stier, und ich erinnere mich an ihn als eine Persönlichkeit mit sehr starker Stierenergie. Er arbeitete viel mit der Erde und unterhielt eine Baumschule.

Teilnehmer: Wo ist die Mutter der Mutter nochmal?

Melanie: Am Deszendenten, der das 10. vom 10. Haus ist.

Teilnehmer: Glauben Sie, dass das eine Auswirkung auf unsere eigenen Beziehungen hat?

Melanie: Ich habe hierzu kein Fallbeispiel, aber ich denke schon. Denn unsere erste Beziehung haben wir immerhin zu unserer Mutter, und diese wiederum wird zu einem gewissen Anteil von der Beziehung bestimmt, die sie zu ihrer Mutter hatte. Und ein Echo davon findet sich sicherlich in einigen der Muster wieder, die wir in unsere 7.-Haus-Beziehungen mitbringen. Aber das Thema wäre es schon wert, noch etwas näher erforscht zu werden.

Teilnehmer: Eine Frage noch – was ist das Gesicht ohne Maske?

Melanie: Nun, wie schon gesagt, das IC ist der Ort, wo wir uns im Idealfall sicher genug fühlen, um ohne Maske herumzulaufen. Aber ich könnte mir vorstellen, dass Sie auf etwas Tieferes anspielen?

Teilnehmer: Das muss doch irgendwo im Horoskop stehen.

Melanie: Ich glaube nicht, dass es dafür einen offensichtlichen astrologischen Signifikator gibt. Aber das erinnert mich an etwas, das ich noch klären wollte, was mit der Vorstellung des heiligen Raumes und den vier Himmelsrichtungen zu tun hat. Ich habe die Metapher erwähnt, einen Altar einzurichten, in dessen Zentrum man selbst steht. Die vier Punkte, die vier Eckhäuser, liegen demzufolge immer relativ zum Zentrum. Wenn wir also unseren heiligen Raum erschaffen, stehen wir in der Mitte, und vielleicht ist das das Gesicht ohne Maske. Vielleicht dienen die Fragen: »Wohin gehe ich?«, »Wer bin ich?« usw. dazu, unser Bewusstsein nach innen zu wenden, anstatt ständig nur nach außen zu handeln. Aus dem Zentrum heraus lautet die Antwort auf alle Fragen gleich. Einfach nur: »Ich bin«.

Vielleicht ist dieses Zentrum der Ort des »Ich bin«. Erinnern Sie sich daran, dass der Kreis das Bild für die potenzielle Ganzheit des Geistes ist. Das Symbol für die Sonne im Horoskop ist ein Kreis mit einem Punkt in der Mitte, wie die Linse einer Kamera, die einem Bild des Bewusstseins gleicht. Es ist der kleine Lichtstrahl, für den wir als Prisma oder als Transformator funktionieren sollen. Es ist das, was wir ausdrücken sollen. Das Horoskop als Ganzes ist also so etwas wie eine größere Version des Sonnensymbols – ein zentraler Punkt, normalerweise leer, der von einem Kreis umspannt wird.

Transite über die Achsen

Es versteht sich wohl von selbst, dass Transite über die Achsen sehr wichtig sind, besonders Transite der äußeren Planeten, da sie mit dem Anfang und dem Ende ganzer Lebensabschnitte korrespondieren. Dabei geht es nicht unbedingt um biologische Stadien mit ihren besonderen Übergängen oder um unsere Verbindung mit der Gesellschaft. Normalerweise gehen diese Transite tiefer als die Oberfläche oder sichtbare Strukturen, auch wenn sie häufig bedeutende Veränderungen in der äußeren Welt, im Arbeits- oder Beziehungsleben usw. mit sich bringen. Ich finde es außerdem interessant, zu berücksichtigen, dass die äußeren Planeten keine komplette Transitrunde um unser Horoskop schaffen. Mit Ausnahme von Uranus – vorausgesetzt wir werden 84 Jahre alt! Neptun schafft vielleicht knapp eine halbe Runde und Pluto nur ein Viertel oder so.

Die letzten Jahrzehnte

Wenn wir mal von einer Lebenslänge von 84 Jahren ausgehen und berücksichtigen, wo der betreffende Planet im Radix steht, dann geht Neptun bei jedem über eine, maximal über zwei Achsen. Aber es gibt Menschen, die nicht mal einen einzigen Transit von Pluto über eine ihrer Hauptachsen erleben, und nur Menschen, die zwei Übergänge erleben, mit Ausnahme derer, die in extremen Breitengraden geboren werden, oder derer, die ihren Radixpluto schon in applikativer Konjunktion zu einer Achse stehen haben. Natürlich kennen wir die Lebensdauer eines Individuums nicht, aber es lohnt sich dennoch, diese im Sinn zu haben, wenn wir uns ein Horoskop anschauen. Denn die Häuser, Zeichen und Hauptachsen, über die kürzlich äußere Planeten im Transit gegangen sind, stellen häufig Bereiche besonderer Turbulenz dar, sowohl in der Gegenwart als auch in der Vergangenheit.

Von den 60er Jahren bis ungefähr zum Jahr 2000 sind alle äußeren Planeten durch die Zeichen Jungfrau bis Steinbock gelaufen, und seit kurzem stehen sie zum Teil auch im Wassermann. Das heißt, über die letzten drei Jahrzehnte hat dieses Segment des Tierkreises, und demzufolge auch unseres Horoskops, alle bedeutenden Transite erlebt.

Sensibilisierte Horoskopbereiche

Während dieser Zeit fanden eine Reihe von kraftvollen Konjunktionen statt, vor allem in den Bereichen Ende Schütze und Anfang Steinbock, wo Saturn Ende der 80er Jahre Konjunktionen mit Uranus und Neptun gebildet hat. In diesem Bereich befindet sich auch das galaktische Zentrum, zur Zeit auf 26° Schütze. Ich habe gehört, dass diese Zone ein Energiestrudel sein soll, durch den sich neue Seelen inkarnieren. Da es von einem bestimmten Standpunkt aus jedoch nichts Neues im Universum gibt, nehme ich an, dass dies Seelen sein sollen, die zum ersten Mal auf der Erde inkarnieren, vorher aber schon »woanders« waren. Es gibt zu diesem bestimmten Gradbereich nicht viel an systematischer Forschung, aber er scheint eine Verbindung zur religiösen Ausrichtung und Berufung zu haben. In diesen Bereich gehört auch die berüchtigte »13. Konstellation«, Ophiuchus, die mit Informationen assoziiert wird, die bestehende Modelle des Universums in Frage stellen.[17] Die Jungfrau/Fische-Achse von 15° bis 30° ist auch bedeutsam, weil hier die Uranus/Pluto-Konjunktionen stattfanden, die eine Zeit lang in

Opposition zu Saturn und Chiron in Fische standen. Es gibt auch noch andere Gradbereiche, wie der um 27° Waage, wo im November 1982 die Saturn/Pluto-Konjunktion exakt wurde.

Denken Sie auch daran, dass Pluto im Transit immer hinter den anderen zwei äußeren Planeten hergeht, das heißt, alle Pluto-Transite aktivieren gleichzeitig ehemalige Transitpunkte von Uranus und/oder Neptun. Das ist besonders wichtig, wenn es um eine Hauptachse geht, da es derzeit viele Menschen erleben werden, dass alle äußeren Planeten eine ihrer Hauptachsen in Skorpion oder Schütze transitieren!

Es wäre eine hilfreiche Übung, die vergangenen Jahrzehnte durchzugehen und alle bedeutenden Konjunktionen, Quadrate und Oppositionen der äußeren Planeten aufzulisten, um mit ihnen vertraut zu werden. Falls jemand von Ihnen das Glück hat, ein Exemplar der Tables of Planetary Phenomena von Neil Michelson zu ergattern, dann gehen Sie die Tabellen mal durch und markieren Sie sich all diese Aspekte.[18] Sie könnten sich zum Beispiel zuerst mit den wichtigsten Konjunktionen vertraut machen, die am kraftvollsten sind und die wahrscheinlich auch lange brauchen, bis sie verarbeitet sind, und sich dann die anderen Aspekte anschauen.

Zusätzlich zur Überprüfung, ob oder wann jemand einen äußeren Planeten im Transit über eine oder mehrere Hauptachsen hatte, ist es auch sehr sinnvoll, mit diesen Gradbereichen vertraut zu werden, denn wenn eine der Hauptachsen des Horoskops in diesen Gradbereich fällt oder im Quadrat dazu steht, dann weiß man direkt, dass sich zu diesem Zeitpunkt etwas Wichtiges ereignet hat oder in der Zukunft ereignen wird. Außerdem habe ich die Erfahrung gemacht, dass Menschen häufig genau dann astrologische Unterstützung suchen, wenn einer der äußeren Planeten eine ihrer Hauptachsen transitiert. Das heißt, je tiefer unser Verständnis für diese Prozesse ist, umso besser können wir unseren Klienten helfen und ihnen eine grobe Vorstellung von dem geben, was sie zu welchem Zeitpunkt erwarten können, und sie dabei unterstützen, ihre Ressourcen zum inneren Krisenmanagement, zur kreativen Veränderung oder zum Umgang mit sonstigen intensiven Manifestationen zu nutzen.

Diese Gradbereiche werden sensibilisiert, als könnte die Tiefe der Transformation, des Traumas oder des Lebensübergangs, den sie symbolisieren, nicht mit einem Mal absorbiert werden, und die Energie wird in diesem Gradbereich des Tierkreises »gespeichert«. Um unseren Blickwinkel kurzfristig zu erweitern, kann es sehr sinnvoll sein, sich anzuschauen, wo im Horoskop all diese bedeutenden Konjunktionen in der Vergangenheit stattfanden, gleichgültig, ob es sich dabei um ein kardinales Haus handelt oder nicht.

Teilnehmer: Wie kann etwas »im Tierkreis gespeichert« werden? Das ist doch ein Konstrukt des Menschen, oder etwa nicht?

Melanie: Ich weiß nicht genau, wie oder warum das passiert! Und ist der Tierkreis wirklich ein Konstrukt des Menschen? Ganz und gar? Ist die göttliche Offenbarung wirklich das Wort Gottes oder ist es ein Produkt der menschlichen Vorstellungskraft? Auch das weiß ich nicht. Wenn ich sage, dass Informationen im Tierkreis »gespeichert« werden, dann meine ich das natürlich metaphorisch. Um eine Analogie hierzu herzustellen, könnte man sich zum Beispiel vorstellen, dass man Chanel No. 5 aufgetragen hat und einem dann ein schlimmer Autounfall widerfährt. Jedes Mal, wenn man danach dieses Parfum riecht, wird man vielleicht an den Unfall erinnert oder es überkommt einen ein unerklärliches Panikgefühl. Ist die Erinnerung an den Unfall jetzt in Chanel No. 5 »gespeichert«? Natürlich nicht, aber diese Resonanz, diese spezielle Stimulation des Geruchsinns ist in unserem Gehirn mit dem unangenehmen Erlebnis, dem Autounfall, verknüpft. So stelle ich mir das auch beim Tierkreis vor. Vielleicht ist der Tierkreis so etwas wie ein Lager oder auch ein Klärwerk für die Erfahrungen des Menschen.

Der Grund dafür, diese sensibilisierten Gradbereiche zu untersuchen, liegt darin, dass später die Transite schnellerer Planeten über diese Bereiche einen Erinnerungsprozess auslösen können, eine Erfahrung wieder ins Gedächtnis rufen und wiederaufleben lassen. Und dabei geht es dann generell darum, mit den Veränderungen, die dort früher geschahen oder auch nicht geschahen und den entsprechenden Erlebnissen abzuschließen bzw. sie zu verarbeiten. Und das ist häufig von ausgesprochener Dramatik, wenn es sich um Bereiche in der Nähe einer Hauptachse handelt.

Die äußeren Planeten im Transit über die Achsen

Transite über die Hauptachsen manifestieren häufig recht klar die Bedeutung der entsprechenden Achse. Deswegen konzentriere ich mich hier auf den intensivsten Aspekt, die Konjunktion. Man kann die Diskussion auf das Quadrat erweitern, das den stärksten Antrieb hervorruft, etwas zu manifestieren und manchmal für Konflikte zwischen den beiden Polen des jeweiligen Gegensatzpaares sorgt. Irgendetwas will zu diesem Zeitpunkt geschehen. Sie sollten immer im Hinterkopf behalten, dass jeder Planet, der im Aspekt zu einer Achse steht, sich automatisch in einem Aspekt zum anderen Ende der Achse befindet, und manchmal ist dort die Intensität der Konjunktion sogar noch stärker spürbar.

Dem tatsächlichen direkten Übergang eines Planeten, zu welcher Achse auch immer, geht meist eine Zeit intensiven Drucks und inneren oder äußeren Chaos voraus, da die Energie des Planeten quasi den Anstoß zur Veränderung gibt. Die Dauer dieses Zeitraums, wo man unter enormem Druck steht, hängt von der Geschwindigkeit des jeweiligen Planeten ab. Anders ausgedrückt, Chiron und Uranus sind die beiden schnelleren äußeren Planeten und Neptun und Pluto die langsameren. Jupiter und Saturn sind noch schneller als die beiden erstgenannten. Die Anzahl der direkten Übergänge schwankt zwischen eins und fünf, je nach Schnelligkeit des Planeten und je nach Anzahl der rückläufigen Perioden, die er während des Übergangs einlegt. Außerdem sind die folgenden Zeiten eine ganze Weile vor und nach dem Übergang eines Planeten über eine Hauptachse bedeutsam:

a) wenn ein Planet stationär wird und seine Richtung ändert.

b) wenn die Sonne in jährlicher Konjunktion oder Opposition zu dem Planeten steht.[19] Das ist sehr nützlich, weil es Zeiten geben kann, in der der Energiefluss während des eigentlichen Transits blockiert ist und dann Stück für Stück in den folgenden Jahren während dieser Zeiten freigesetzt wird.

Der Druckaufbau von Pluto beim Übergang über eine Hauptachse geht zum Beispiel vier Jahre vorher schon los, und zuweilen werden die konkreten Resultate des Prozesses erst zwei bis vier Jahre nach dem exakten Transit sichtbar – je nachdem, wie schnell der Planet ist – bis zu der Zeit, wenn der Aspekt einen separativen Orbis von ca. 5° hat.

Wenn Sie mit Klienten arbeiten, ist es extrem wichtig: a) diesen Zeitrahmen zu kennen und b) einen Weg zu finden, ihnen diese Information zu vermitteln, ohne in das zu verfallen, was ich immer »Schicksalsgeschwafel« nenne. Denn es ist nicht unbedingt komisch zu erfahren, dass ein Zustand, den wir kaum zu überstehen meinen, noch weitere fünf Jahre andauert. Natürlich lässt die Intensität nach, nicht aber die Notwendigkeit, vorsichtig mit dem Prozess umzugehen.

Wenn Sie mit diesen Informationen gut umzugehen wissen, ist das unglaublich hilfreich. Dann können Sie sich darauf konzentrieren, Ihrem Klienten dabei zu helfen, kreative Wege des Umgangs mit diesem Prozess, mit diesem Ausflug ins Unbekannte zu finden – wie z.B. die richtige Art von Hilfe zu suchen, die man braucht oder auch nur sein Leben mehr auf den anstehenden Prozess auszurichten. In einem gewissen Sinne dauern alle Transite auf der psychischen Ebene »so lange wie sie eben dauern«, weil man zwar das offensichtliche astrologische Timing, Veränderungen und Ereignisse leicht erkennen kann, die Verarbeitung der Erfahrung oder der Gewöhnungsprozess an die äußeren Veränderungen jedoch eine ganze Weile länger dauern können. Denken Sie immer daran, dass es vielleicht das einzige Mal ist, dass Pluto im Leben dieses Menschen über eine Achse läuft, d.h. es handelt sich um ein enormes Loslassen, einen enormen Übergang und Schritt über eine Schwelle. Irgendetwas wird unser Leben für immer verlassen, innerlich oder äußerlich.

Bei Neptun-Transiten ist die Erfahrung zeitlich und räumlich nicht immer so leicht festzulegen und kann als Charakteristikum ein niedriges Energieniveau, nostalgisches Empfinden und Tagträumerei mit sich bringen, oder auch den Wunsch zu entfliehen, da die Sehnsucht nach Verfeinerung und Spiritualisierung sich ihren Weg in den Lebensbereich bahnt, in dem Neptun sich gerade befindet. Der Hauptübergang zieht sich meiner Erfahrung nach über insgesamt vier bis fünf Jahre hin.

Bei Uranus schlägt eine völlig andere Energie in unser Leben ein! Und ich benutze diesen Ausdruck bewusst, denn der Auf- und Abbau von Druck geschieht hier sehr schnell, ist intensiv und fühlt sich unvermittelt an. Sehr wenige Menschen durchleben diese Transite ohne eine gewisse Schlaflosigkeit, Hyperaktivität, einen ungleichmäßigen Energiefluss zwischen heftiger und inspirierter, vor allem geistiger Aktivität, und dann wieder Perioden der Erschöpfung, wenn die aufregende Energie nachlässt und wir vor dem ungewaschenen Geschirr am nächsten Morgen stehen! Uranus-Transite können entweder Zeiten intensiver Ideenaussaat für die Zukunft sein oder Zeiten, in denen Veränderungen, die eine Weile brachlagen, und die bisher nur auf Papier existierten, sich plötzlich in 3-D verwandeln! Deswegen ist es manchmal schwierig, ein Gespür dafür zu bekommen, a) wie das Timing ist, also wie lange so etwas dauert, und b) ob man auf Ereignisse jetzt schon reagieren oder sie noch weiter reifen lassen sollte. Uranus-Transite selbst sind jedoch im Allgemeinen die genauesten in Bezug auf die zeitliche Auslösung, vorausgesetzt die Uhrzeit des Horoskops stimmt auch tatsächlich. Es ist sogar eine ganz sinnvolle erste Maßnahme für eine grobe Überprüfung der Geburtszeit, zu schauen, ob Uranus schon einmal über eine der Hauptachsen gelaufen ist, und dann diese Lebensphase des Klienten zu untersuchen. Neuanfänge und Schlussstriche können unter Uranus ein rasantes Tempo haben.

Außerdem ist es sinnvoll, die Haus- und Zeichenposition des Herrschers über diese Hauptachse zu betrachten, wenn wir es mit Transiten über eine Achse zu tun haben, und natürlich auch die Radixstellung des transitierenden Planeten.

Transite über den Aszendenten

Weil jede der Hauptachsen so etwas wie ein Anker für unsere Inkarnation ist, sind Transite über eine der Hauptachsen immer so etwas wie eine Geburt. Ganz besonders gilt das aber für Übergänge über den Aszendenten. Es ist recht wahrscheinlich, dass alte Überreste unserer wirklichen Geburt zum Zeitpunkt eines Planetenübergangs nochmals aktiviert werden, aber jeder von ihnen hat auch eine ganz eigene Qualität, so dass wir unterschiedliche Arten von Geburtsprozessen haben.

Beim Aszendenten haben wir immer das Erlebnis der Geburt, sei es nun mit der elektrisierenden, plötzlichen Art von Uranus oder der langwierigen, sich hinziehenden, schmerzlichen Art von Pluto. Es ist ein Auftauchen aus den Tiefen des 12. Hauses, aus innerem oder äußerem Chaos, wo die Spuren unserer Vorfahren endlich weggepflügt werden, wo wir auf größere kulturelle und historische Themen stoßen, und wo wir auf die archetypische Psyche treffen. Dann müssen wir all das loslassen und zu einem individuelleren Fokus zurückkehren, der es uns erlaubt, uns mit dem Entstehen neuer Impulse vorwärts zu bewegen. Für einige Menschen fühlt sich das 1. Haus sehr gefährlich an im Vergleich zur Ruhe des Ozeans des 12. Hauses, während es für andere wiederum eine willkommene Erlösung ist. Das heißt, die Frage: »Wer bin ich?« ist sehr bedeutsam. Wir sind nicht mehr der, der wir waren, und wir wissen noch nicht, wer wir sein werden.

Um den neuen Aspekt unseres sich formierenden Selbst zu orten, schauen Sie sich den Bereich des Horoskops an, in dem der Herrscher des Aszendenten steht. Aller Wahrscheinlichkeit finden Sie dort die Aktivität, den neuen Schritt, die Innovation oder die Wahl, die das neue Selbst widerspiegelt. Es mögen Dinge geschehen, die kraftvoll, neu, eine Herausforderung, willkommen oder auch nicht sind, aber es kann einige Zeit dauern, bis das neue Bewusstsein für das Selbst und seine äußere Manifestation zueinander finden.

Außerdem habe ich ja schon erwähnt, dass die Themen jedes Transits normalerweise eine Resonanz zu dem Bereich erzeugen, in dem der entsprechende Radixplanet steht. Um ein Beispiel zu nennen: In einem Horoskop mit Schütze am Aszendenten und Jupiter im Krebs im 8. Haus gingen Saturn und Uranus beide innerhalb von kurzen Abständen über den Aszendenten. Eine Ehe endete und eine neue Beziehung fing relativ kurz danach an. Es war anfangs etwas schwierig für die betroffene Frau, an die neue Person zu glauben, zu der sie offenbar in der neuen Partnerschaft geworden war, weil sie befürchtete, ihr neu entdecktes Vertrauen sei möglicherweise nur ein kurzes Aufblitzen und keine verlässliche persönliche Entwicklung. Jupiter war der einzige Wasserplanet in diesem Horoskop, und in der Ehe, aus der sie sich gelöst hatte, und die Frau schien die tieferen Gefühle sowohl für sich selbst als auch für ihren Ehemann zu tragen. Es war immer ihr Part, diesen Regungen Ausdruck zu verleihen, doch nicht jedes Mal stieß sie damit auf offene Ohren. In ihrem Radix befanden sich Saturn und Uranus in Konjunktion in den Zwillingen im 7. Haus. Deswegen war dieser Transit auch eine Geburt dessen, was schon als Grundthema angelegt war. Anstatt also ewig mit dem Gefühl weiterzuleben, sowohl emotional als auch sexuell lediglich »abgespeist« zu werden und immer die Großzügige zu sein (Jupiter Spitze 8. Haus), entschied sie sich für eine Scheidung!

Es fällt mir noch ein anderes Beispiel ein, von jemandem mit einem Aszendenten in den Endgraden von Steinbock. Im Augenblick bewegt sich der laufende Saturn auf diesen Aszendenten zu. Der Betreffende hat Saturn in Konjunktion zu Neptun in der Waage im 10. Haus, mit Neptun genau auf dem MC. Uranus ist bereits über den Aszendenten gegangen. Da es ein Steinbock-Aszendent ist, fühlt er sich von Veränderungen total überrumpelt. Das klingt dann nicht so: »Jippieh, darauf habe ich mein Leben lang gewartet!« Die Dinge werden eher spröde und bröckelig und fallen dann auseinander. Der Betreffende hat Uranus im 6. Haus im Krebs. Hier spielte sich das Ganze ab, bei der Frage nach dem »Wer bin ich?« Alles drehte sich dabei um die Arbeit, und auch ein bisschen um seine Familie. Wenn man nicht richtig weiß, wer man ist, dann fühlt sich keine Arbeit richtig an, und Uranus im 6. Haus hat ohnehin nichts für Routine übrig! Der Betreffende wechselte von einer kreativen Arbeit, die mit vielen Reisen, Glamour, Stress und Aufregung verbunden war, zu einem gesetzteren Lebensstil und fühlte sich anfangs damit nicht recht wohl.

Bei den langsameren Planeten erlebt man mehr als nur einen Übergang über den Aszendenten, d.h. es gibt dann auch Zeiten, in denen der Planet rückläufig ist und wieder ins 12. Haus läuft. Das kann dann so ein Gefühl sein, wie gerade geboren zu werden oder schon das Licht am Ende des Tunnels zu sehen, aber in der Phase der Rückläufigkeit doch wieder zurück bzw. nach innen gezogen zu werden, um weitere Vorbereitungen zu treffen, Überlegungen anzustellen oder tatsächlich an der Veränderung der Strukturen auf der äußeren Ebene zu arbeiten.

Beim ersten Übergang werden gewöhnlich die Karten auf den Tisch gelegt. Man kann zu dem Zeitpunkt oft schon erkennen, was das Thema der kommenden inneren und äußeren Ereignisse sein wird. In der Zeit der Rückläufigkeit äußert es sich vielleicht mehr als ein innerer Prozess bzw. eine Zeit, in der das Gefühl des Vorankommens wieder weg ist. Wenn der Schwerpunkt sich nach innen, zurück ins 12. Haus verlagert, kann auch das Gefühl aufkommen, regelrecht verloren zu haben. Das ist häufig ein Zeitpunkt, an dem Klienten zu einer Horoskopberatung kommen, weil es manchmal wirklich eine verwirrende Phase ist. Man kann sich bei Übergängen über den Aszendenten auch physisch etwas schwach fühlen, da hier direkt unsere Verkörperung, unser Sinn für Klarheit und Vertrauen angesprochen ist. Wenn zum Beispiel ein erster Neptunübergang erfolgt ist und wir uns danach energetisch und klar fühlen, dann ist es wichtig, die Erschaffung neuer Strukturen vorsichtig zu planen, denn allzu eilige Versuche zu handeln oder den Strom des Geschehens voranzutreiben, führen eher zu weiterer Desintegration und zwingen uns, wieder ganz von vorne zu beginnen. Es ähnelt dem Bau von Sandburgen am Strand, die weggespült werden, weil immer noch Flut herrscht.

Die Kunst, mit großen Transiten über den Aszendenten umzugehen, ist ungefähr wie das, was Frauen immer bei der Niederkunft gesagt wird – »Atmen, aber nicht pressen!« Das ist der Rhythmus des Geschehens, und der Vorgang erfordert, dass wir der Geburt Gelegenheit geben, zu ihrer Zeit zu erfolgen, ebenso wie den äußeren Veränderungen, mit denen wir uns gegebenenfalls auseinander setzen müssen.

Transite über das IC

Am IC ist die Situation ähnlich. Traditionellerweise denkt man bei großen Transiten über das IC, dass man umzieht oder die Verbindung mit der Familie abbricht. Im Laufe der Jahre, in denen ich meine eigenen und die Transite anderer Menschen über das IC beobachtet habe, musste ich jedoch feststellen, dass es sich nicht unbedingt um einen Umzug im wörtlichen Sinne handelt, obwohl auch das der Fall sein kann. Was ich bemerkt habe, ist, dass es manchmal eine Weile zu dauern scheint, so dass der Transit schon ein Stück über das IC hinausgeschritten ist, bevor man eine Entscheidung trifft oder handelt. Oder, wenn die Umstände bereits ihren Sog entfaltet haben, beispielsweise bei Uranustransiten, dann dauert es einige Zeit, bis man wieder bei sich selbst ankommt und sich in diesem neuen Stadium orientieren kann. Als Uranus über mein IC ging, kam mir ein Wortspiel in den Sinn, dass das IC eigentlich das »Ich sehe nicht!« heißen müsste.[20] Ich hatte keine Ahnung, wie tief diese Transite gehen würden und wie erhellend sie sein würden.

Transite über das IC reichen direkt bis auf unseren Stammesurgrund und unseren Herkunftssinn. Häufig passiert es bei einem Transit der äußeren Planeten, dass wir unsere Wurzeln verlieren, bzw. das, was wir bisher dafür hielten, was uns emotionale Sicherheit gab, und woraus wir uns genährt haben. Für einige Menschen mag das bedeuten, dass sie aus einer Wohnung ausziehen müssen, die sie liebgewonnen haben, oder dass sie ihr Traumhaus verlieren oder aufgrund ihres Berufes gezwungen werden, umzuziehen. Oder dass sie durch eine neue Partnerschaft in neue Lebensumstände geraten, in denen sie sich ihres einstigen Sicherheitsgefühls erst einmal beraubt fühlen. Menschen wandern aus oder gehen von zu Hause weg und werden mit Gewalt von Dingen getrennt, aus denen sie Sicherheit zu ziehen glaubten. Das kann sich in immer tiefere Ebenen fortsetzen, bis man auf etwas ziemlich Formloses und Mysteriöses trifft, wenn es sich bei dem Transit über das IC um einen äußeren Planeten handelt.

Dieser Bereich wird mundan vom Zeichen Krebs beherrscht, und hat sehr viel mit Gefühl und Dasein zu tun. Das, was da zum Vorschein kommt, kann überraschend subtil sein. Es muss nicht unbedingt mit Steinen und Mörtel zu tun haben, und häufig haben wir unter großen Transiten über das IC Gelegenheit, zu lernen, wie wir uns inmitten von Unsicherheit zu Hause fühlen können. Auf der emotionalen Ebene werden wir anfangs vielleicht mit Gefühlen von Chaos, Unbekanntem, von Richtungslosigkeit, Unbehagen und dem Empfinden, fehl am Platz zu sein, konfrontiert. Vielleicht trifft das mit einem tatsächlichen Umzug zusammen, muss es aber nicht. Das Gefühl, von der Vergangenheit entwurzelt zu werden, hält häufig mehrere Jahre an und konfrontiert uns mit dem Bedürfnis nach Vollendung, Lösung und Erforschung dieses Lebensbereiches. Oft spielt auch das Verhältnis zum Vater eine Rolle.

Teilnehmer: Welchen Orbis würden Sie dem Transit geben?

Melanie: Das hängt von der Geschwindigkeit ab, mit der sich der Planet bewegt, aber ich würde ihn sicherlich innerhalb eines Orbis von 5° oder 6° beachten, wenn der Aspekt applikativ ist, und genauso, wenn er separativ ist. Es kommt natürlich auch auf den jeweiligen Menschen an. Einige Leute haben schon im Vorfeld ein Gespür für nahende Transite. Das heißt, es gibt dafür keine feste Regel, besonders nicht in der Beratungssituation. Normalerweise merken wir im Gespräch mit dem Klienten, ob er etwas bewusst registriert oder nicht.

Bei allen Hauptachsen können nahende Konjunktionen von Planeten ein Gefühl von intensivem Druck hervorrufen. Zu dieser Zeit ist es am verführerischsten, etwas vor seiner Zeit oder auf eine unangemessene Art und Weise zum Ausdruck zu bringen, einfach um den Druck loszuwerden. Natürlich variiert das von Fall zu Fall, aber wenn man sich beruflich z.B. unbedingt verbessern will oder umziehen möchte, und es funktioniert einfach nicht, dann wird die Aktion, oder besser gesagt, die verhinderte Aktion, wahrscheinlich versuchen, sich auf einer anderen Ebene zu manifestieren, obwohl eigentlich erst einmal Akzeptanz und Nachdenken anstünden. Ich habe dazu viele Beispiele in der Praxis erlebt und kenne es auch aus meinem eigenen Leben. In diesem Fall kann der Satz: »Atmen, nicht pressen!«, den ich im Zusammenhang mit dem Aszendenten schon erwähnte, für jeden größeren Transit über die Hauptachsen sehr hilfreich sein!

Teilnehmer: Wie würde das in der Praxis aussehen?

Melanie: In der Praxis würde das bedeuten, Wege zu finden, wie man sich wirklich tief entspannen kann, was nicht das Gleiche ist wie in Gleichgültigkeit oder Resignation zu verfallen. Es ist ein aktiv aufnahmebereiter Zustand. Es bedeutet z.B. einen

Ort zu finden, wo man bequem sitzen und einfach nur atmen kann! Dem Atem mit dem eigenen Bewusstsein folgen. Es auf eine andere Ebene heben. Wenn der Druck richtig stark wird oder wenn man die Energie fehlleitet, dann führt das zu unglaublichen Spannungen im Körper. Meiner Meinung nach trifft das besonders auf das IC und den Aszendenten zu, aber ich bin mir nicht ganz sicher. Es manifestiert oder somatisiert sich sehr stark. Vielleicht erreicht man auch gerade durch die Aufmerksamkeit, die man diesen Symptomen dann schenken muss, ausreichend innere Einkehr, um den nächsten Schritt im Leben sicher setzen zu können, wie immer dieser auch aussehen mag.

Transite über den Deszendenten

Große Transite über den Deszendenten manifestieren sich oft in Partnerschaftssituationen, und das kann sehr turbulent sein. So kann es sich beispielsweise um eine Zeit handeln, in der eine langjährige Beziehung zerbricht, wenn wir nicht länger in einer Partnerschaft verweilen können, die uns kein gegenseitiges Wachstum mehr erlaubt. Eine weitere Frage für den Deszendenten könnte lauten: »Wer bin ich in Beziehungen?« Aber es sind auch viele andere Ausdrucksformen möglich. Mir fällt da eine ganz andere ein, von einer Frau, die geschworen hatte, nie wieder zu heiraten. Das gebrannte Kind scheute das Feuer, erreichte das reife Alter von 43 Jahren, schlug seine einst mit Anfang 20 getroffene Entscheidung in den Wind und heiratete erneut. Das war Uranus am Deszendenten!

Es stimmt nicht, dass Uranus über den Deszendenten unweigerlich bedeutet, dass man sich aus einer Beziehung löst. Richtig ist jedoch, dass dieser Transit eine große Herausforderung für unsere Gewohnheitsmuster mit sich bringt. In dem Beispiel, das ich gerade erwähnte, gab die Frau ihre einschränkende Entscheidung auf, die sie in ihren Zwanzigern getroffen hatte, und heiratete noch einmal. Es ist wohl überflüssig zu sagen, dass es eine sehr ungewöhnliche Situation mit vielen außergewöhnlichen Einzelheiten war, und dass ihre Entscheidung sehr individuell war und aus dem Herzen kam. Es kann auch passieren, dass Menschen in unser Leben treten, die uranische Energien verkörpern und alles durcheinander bringen! Das ist eine seltsame Art der Manifestation von Transiten durch das 7. Haus. Wenn es Uranus ist, dann kann es sich auch um eine ganze Gruppe von Leuten handeln – wie Astrologen, politische Aktivisten und Menschen mit revolutionären Absichten und starken Idealen.

Denken Sie daran, dass bei allen, die zur Zeit einen Uranus-Übergang erleben, in Kürze Neptun folgen wird. Das streckt die Zeit des Übergangs beträchtlich in die Länge und verwischt auch einige der Themen. Wenn wir Neptun für sich allein nehmen, dann trifft man unter diesem Transit vielleicht einen Menschen oder auch mehrere, die sehr neptunisch sind. Das könnten Dichter, Musiker, Künstler, Drogenabhängige oder Heiler sein – Menschen, die auf die unsichtbaren Welten der Inspiration, der Ekstase und des spirituellen Sehnens eingestimmt sind. Und dann ist da natürlich auch noch die täuschende Seite des Ganzen. Das heißt, man kommt vielleicht durch Beziehungen zu einem oder mehreren Menschen mit der Energie Neptuns in Kontakt.

Mir fällt gerade noch ein Beispiel zu Uranus am Deszendenten ein. Vor vielen Jahren habe ich einmal eine Frau beraten, die Schütze am Deszendenten hatte, über den Uranus gerade transitierte. Ihr Radix-Uranus stand in den Zwillingen, aber im 12. Haus, in Konjunktion zu Saturn. Er war daher sehr versteckt und sie lebte ihn nicht sichtbar aus. Im Gegenteil, sie war sehr konventionell. Als Uranus über ihren Deszendenten lief, ging sie eines Abends mit Freunden in eine Kneipe, trank mehr als sonst und nahm schließlich einen jungen Mann mit nach Hause, den sie gerade erst kennen gelernt hatte. Er war nicht einmal halb so alt wie sie, hatte grüne Strähnen im Haar, Sicherheitsnadeln in den Ohren, trug eine Lederjacke und eine Lederhose! Sie verbrachten eine wilde Nacht in ihrem Haus, wo sie mit ihrer Familie wohnte.

Ihr Mann war vorher schon ausgezogen, also war das nicht das Thema. Aber sie war ein sehr pflichtbewusster Mensch, eine alleinerziehende Mutter von vier Kindern, und dieser personifizierte Uranus kam da einfach in ihr Leben und versetzte sie in eine Art Schockzustand. Es war wirklich rührend. Sie hatte weder den Wunsch noch die Absicht, irgendeine Art von langfristiger Beziehung mit diesem Typen aufrecht zu erhalten, der als Lebenspartner für sie völlig ungeeignet war. Aber das Ganze hatte den gewünschten Effekt. Es erschütterte ihre Strukturen bis ins Mark, und sie war danach nie wieder die Gleiche wie zuvor, weil es ihr Mut machte, auch andere Gewohnheiten hinter sich zu lassen. Auf einmal war sie fähig, einer Seite von sich einen ebenbürtigen Wert beizumessen (7. Haus), die sie früher nicht einmal ansatzweise gelebt hatte – abenteuerlustig und risikofreudig in Beziehungen zu sein.

Wenn Pluto am Deszendenten steht, dann kann es in der Partnerschaft ganz schön kompliziert werden. Dieses Gebiet kann man nicht als Unschuldiger betreten, dann bekommt man mächtigen Ärger. Persönliche Beziehungen, die sich unter Pluto-Transiten über den Deszendenten entwickeln oder ihren Anfang nehmen, stehen häufig unter den Vorzeichen des Machtkampfes, aber da Pluto ein äußerer Planet ist, können die entsprechenden Situationen auch eine kollektive Bedeutung haben.

Ich denke gerade an das Beispiel von jemandem, der durch alle möglichen bizarren Zufälle Wind von ernst zu nehmender Misswirtschaft in einer Organisation bekam, die vorgab, eine absolut weiße Weste zu haben und nur auf die Heilung und das Wohl der Menschheit ausgerichtet zu sein. Mehrere Jahre lang setzte er sein eigenes Leben und seine Ressourcen aufs Spiel, indem er als unbezahlter Detektiv tätig war und Informationen über diese schmutzigen Machenschaften sammelte, um die Dinge klarzustellen. Vergessen Sie nicht, dass das 7. Haus die Schlichtungsstelle ist, so dass Transite über den Deszendenten manchmal auch mit juristischen Angelegenheiten zu tun haben.

Wenn Pluto dort steht, dann kann man von Themen ergriffen werden, die mit Gerechtigkeit oder Korrektheit zu tun haben, weil alles, was nicht richtig oder gerecht ist, offensichtlicher wird als sonst. Das kann auf einer kollektiven Ebene geschehen, sich aber auch in einer Partnerschaft personifizieren. Dann kann es durchaus der Fall sein, dass die dreckige Wäsche aller Beteiligten im Garten hängt und man ihr nicht ausweichen kann! Zugleich hat es oft eine tief transformierende Wirkung. Ich kenne eine Reihe von Leuten, die mit einer Therapie angefangen haben, als sich Pluto in der Nähe ihres Deszendenten befand. Es ist, als hätte ihr Weg der Transformation sie in eine transformierende, therapeutische Beziehung zu einem anderen Menschen geführt.

Die Formen dafür sind unterschiedlich, eine therapeutische Beziehung ist nur eine Möglichkeit. Eine intime Partnerschaft eine andere. Und es kann auch sein, dass tiefe Veränderungen in einer bereits bestehenden Beziehung ihren Lauf nehmen, die die Beziehung dann entweder völlig zerstören oder sie transformieren und regenerieren – oder auch eine Mischung aus beidem. Auf jeden Fall ist es ein Prozess, der über einen langen Zeitraum geht und an Intensität gewinnt, während Pluto sich dem Ende des 6. Hauses nähert und in Konjunktion zum Deszendenten geht. Häufig geht das Vorspiel des 6. Hauses mit starken körperlichen Anspannungen einher, und physische Themen beginnen sich zu zeigen. Wenn sich Pluto dann auf das 7. Haus zubewegt, ändert sich die Szenerie. Da, wo wir »alles selbst machen mussten«, wozu wir im 6. Haus eine Neigung haben, oder wo wir unser eigenes Licht unter den Scheffel gestellt haben, kommt jetzt ein gigantischer Ausgleichsschub mit dem Planetenübergang über den Deszendenten. Die relativ einfache Art von Beziehung eines Untergebenen zu einem Vorgesetzten, wie wir sie aus dem 6. Haus kennen, tut es jetzt nicht mehr, und wir betreten die Kampfarena. Im 6. Haus können wir uns manchmal noch in Krankheit retten anstatt uns mit den Dingen von Angesicht zu Angesicht zu konfrontieren, aber wenn der

Deszendent ins Spiel kommt, dann öffnet sich eine neue Tür in ein unbekanntes und aufregendes Territorium, auf dem wir lernen, wer wir in Beziehungen tatsächlich sind.

Transite über das MC

Wenn wir daran denken, dass das 9. Haus der Bereich der Möglichkeiten ist, dann bedeuten Transite über das MC einen sehr interessanten Wechsel. Alle, die derzeit einen Übergang von Uranus und Neptun erleben, haben vorher eine jahrelange Stimulation ihres 9. Hauses erlebt, inklusive der Konjunktion von 1993.

Ich habe viele Menschen gesehen, für die diese Abfolge in letzter Konsequenz sehr erschütternd war, weil der Fokus bei ihnen zu lange und zu stark auf dem Potenzial, den Möglichkeiten, der inspirierenden Zukunftsvision lag, als dass sie es anschließend in einer Art und Weise hätten umsetzen können, die den Anforderungen des MC, Dinge in Form zu bringen, Genüge getan hätte. Zu viel Glück, zu viele Gelegenheiten und zu viel Enthusiasmus können ebenso schwierig handzuhaben sein wie zu wenig! Mit intensiven 9.-Haus-Transiten kann es einem so vorkommen, als lebe man nur in der Zukunft, im Reich der Möglichkeiten. Bei den Menschen, die ich kenne, die mit dieser Energie gut klargekommen sind, handelt es sich ganz offensichtlich um diejenigen, die einen gewissen philosophischen und spirituellen Sinn gefunden haben, entweder auf einer tiefen persönlichen Ebene oder vielleicht auch durch eine bestimmte Lehre, die ihnen bis dahin fremd war.

Weil nun Uranus und Neptun Formen auflösen bzw. zerstören, kann ein Teil dieser Reise damit zusammenhängen, die eigenen philosophischen Strukturen und für sie bedeutungsvollen Glaubenssysteme zu verändern und neu zu arrangieren. Wenn man irgendeinen bevorzugten Bedeutungsmaßstab hat, an dem man zu sehr festhält, muss man den Griff vielleicht ein wenig lockern, sonst läuft man Gefahr, ihn zu verlieren. In diesem Bereich wird unglaubliche Flexibilität von uns verlangt. Wir müssen vielleicht seit langem verankerte Glaubenssätze aufgeben, oder man sieht sich gezwungen, von Ideen Abstand zu nehmen, an die man ohnehin nur halbherzig glaubte und die man für sich selbst nie richtig durchdenken konnte. Wenn Uranus durchs 9. Haus rast, müssen wir die Dinge für uns selbst durchdenken. Uranus »individualistisch« zu nennen, kann irreführend sein, weil er immerhin ein äußerer Planet ist. Ich denke an ihn als eine Spannung, eine Resonanz, die uns dabei unterstützt, unsere Individualität von all den dichten saturnischen Strukturen zu lösen.

Der Druck, der entsteht, wenn sich ein äußerer Planet dem MC im Transit nähert, kann enorm sein. Manche Menschen finden es deprimierend und widersetzen sich der Veränderung, ihrem Potenzial eine Form zu geben, es in die 3-D-Welt umzusetzen, in das, was tatsächlich möglich ist. Einige von Ihnen haben diesen Satz wahrscheinlich schon früher von mir gehört – »Nach der Erleuchtung weiter Wäsche waschen!« Die Erleuchtung ist dabei ganz klar die 9.-Haus-Phase des Transits, und die Wäsche ist das 10. Haus, weil das der Ort ist, wo wir etwas wirklich umsetzen, wo wir landen. Beim MC geht es auch um die Landung aus dem Feuer auf der Erde, aus dem Potenzial in die Wirklichkeit, wo wir uns mit der Begrenzung durch die einfache Tatsache auseinander setzen müssen, dass das Potenzial zwar quasi unbegrenzt sein mag, es aber nicht möglich ist, alles zu manifestieren!

Wenn Planeten über die Himmelsmitte gehen, müssen wir all das Potenzial zum Wohle der tatsächlichen Umsetzung loslassen, uns auf die Welt konzentrieren und unsere ehrgeizigen Vorhaben auch tatsächlich durchführen. Einigen Menschen macht das sehr viel Spaß, sie finden es befriedigend und energetisierend. Das bedeutet nun nicht, dass man gar keinen Sinn mehr für die eigenen Möglichkeiten hat, etwa nach dem Motto »Wäre es nicht schön gewesen, wenn ...«. Sobald aber ein Planet einmal das MC überschritten hat und wir nichtsdestotrotz weiter in Vorstellungen schwelgen, so dass sie uns Energie für unser Leben in der Gegenwart rauben, dann wirft uns das einen Schritt zurück. Ich habe das sehr häufig miterlebt – Rückschläge in Form von Depressionen, von unerwarteten Hindernissen, Verzögerungen, Einschränkungen. Das alles sind saturnische Lektionen, die uns aus der Zukunft in die Gegenwart holen sollen.

Teilnehmer: Wenn jemand Pluto im Quadrat zu Pluto hat, und der Radixpluto steht am Anfang des 7. Hauses, dann wirkt das wie ein Doppeldecker, weil dann alle Hauptachsen beteiligt sind.

Melanie: Das ist ein wichtiger Punkt, ich danke Ihnen. Konnten Sie alle folgen? In der Lebensmitte steht Pluto im Quadrat zum Radixpluto, Neptun im Quadrat zu Neptun und Uranus in Opposition zu seiner Radixstellung. Wenn nun einer oder mehrere dieser äußeren Planeten im Geburtshoroskop bereits auf einer Hauptachse sitzen, dann geht man zu dieser Zeit durch eine besonders aktive Phase. Das erinnert mich noch an etwas anderes. Wenn die Achsen selbst ungefähr im Quadrat zueinander stehen, dann werden mit jedem Transit über eine der Achsen alle anderen auch angetickt. Je näher wir am Äquator geboren wurden, umso wahrscheinlicher ist diese Konstellation.

Ich habe auch eine Reihe von Horoskopen gesehen, die zwar keine senkrecht zueinander stehenden Hauptachsen hatten, wo die Leute aber beispielsweise Pluto am MC haben und Uranus und Neptun über das IC gehen, oder Variationen dieser Thematik mit der anderen Achse. Bei Geburten weiter nördlich, die z.B. eines der vier kardinalen Häuser im Steinbock haben und das vorhergehende im Skorpion, kann das vorkommen. Es ist wohl überflüssig zu erwähnen, dass dies sehr große Veränderungen mit sich bringt, manchmal den radikalen Abschluss vieler Dinge gleichzeitig, wenn ein äußerer Planet beide Hauptachsen gleichzeitig berührt. Ein ganzes Lebenskapitel kann dann zu Ende gehen, und es handelt sich möglicherweise eine Zeit riesiger Verluste oder auch großer Gewinne. Aber so oder so ist es ein langer und stressiger Übergang, der durchlebt werden will, und es mag sich eine längere Trauerperiode anschließen, obwohl einige Leute das Wesentliche dieses Transits auch schon vorher spüren.

Teilnehmer: Man sieht den Gewinn nicht immer direkt.

Melanie: Nein, nicht unbedingt. Es hört sich an, als sprächen Sie aus Erfahrung?

Teilnehmer: Ja. Ich hatte genau diese Abfolge, die immer noch nicht vorüber ist. Das dauert jetzt schon 10 Jahre an.

Melanie: Was hat Ihnen dabei am meisten geholfen?

Teilnehmer: Also, ich habe Stier am IC, und musste lernen, mich aus meiner Unbeweglichkeit heraus zu mobilisieren und mir ein eigenes Heim zu schaffen. Ich hatte diese Laissez-faire-Einstellung des Stiers, und es war finanziell angenehm, immer noch zu Hause zu leben.

Melanie: Wenn's funktioniert, warum etwas daran ändern?

Teilnehmer: Genau, aber als Pluto dazu in Opposition stand, in Konjunktion zu meinem MC, habe ich angefangen, die Dinge tiefer zu betrachten, und zu sehen, wie sehr es ein Handel war, für den ich auch einen hohen Preis zahlte. Ich konnte es mir nicht länger leisten dort zu bleiben, weil ich auf andere Art und Weise dafür bezahlte.

Melanie: Mir gefällt die Art des Stiers, in der Sie diesen Prozess beschreiben, in Begriffen von Geld und Werten.

Teilnehmer: Als Uranus und Neptun anfingen meinen Aszendenten zu stimulieren, merkte ich, dass ich mein Bedürfnis danach, meinen eigenen Lebensweg zu finden und eigene Strukturen für mich zu errichten, nicht opfern konnte. Es war alles sehr anschaulich – selbst das Autoritätsthema. Ich merkte, dass ich meine eigene Autorität entwickeln musste.

Melanie: Ich danke Ihnen. Noch jemand?

Teilnehmer: Ich habe einen Skorpion-Aszendenten auf 13°, das heißt Pluto ging vor einigen Jahren über meinen Aszendenten und stand danach im Quadrat zu meinem Radixmond im 9. Haus. Alles ist ein Prozess.

Melanie: Darf ich Sie fragen, worüber Pluto derzeit transitiert?

Teilnehmer: Er steht im Quadrat zu meiner Sonne, die sich im 4. Haus Anfang Fische befindet. Ich bin ausgewandert. Habe gerade mein Haus verkauft und ziehe in die Vereinigten Staaten.

Melanie: Da haben wir also die Verbindung zum Mond im 9. Haus.

Teilnehmer: Ja. Der Prozess, den Rahmen weiter zu spannen und zu schauen, wo ich leben sollte, fing an, als Pluto im Quadrat zu meinem Mond stand. Jetzt, wo er die Sonne berührt, habe ich mich selbst für eine gewisse Zeit zu einem Heimatlosen gemacht. Aber es fühlte sich so an, als verkündete dieser Planet schon Umbruchsstimmung, als er noch auf dem Aszendenten war, die tatsächliche Handlung setzt aber jetzt erst ein.

Melanie: Deine Geschichte ist auch ein Beispiel dafür, wie lange so etwas dauern kann. Es benötigt einige Zeit, die Lektion zu lernen, wirklich zu verstehen und sich dann an das zu gewöhnen, was diese Veränderung Neues mit sich bringt.

Teilnehmer: Im Moment erlebe ich gerade den Verlust. Mein Heim zu verlassen, war ein schmerzhaftes Unterfangen, und das muss ich jetzt wieder loslassen – den Verlust loslassen. Meine Erfahrung, als ich das Haus tatsächlich verließ und alles weggegeben habe, war wie das Gefühl einer Neugeburt.

Melanie: Das ist eine wunderbare Erfahrung. Danke, dass Sie diese mit uns geteilt haben.

Teilnehmer: Das Beispiel, etwas in der materiellen Welt zu versuchen, was dann nicht funktioniert, war auch Teil meines Erlebens. Ich habe etwas ähnliches, aber doch ganz anderes, gemacht. Ich habe meine gesamte Kleidung verschenkt. Man kann sich ja neue Kleider kaufen. Da alles nicht mehr passte, musste es weg.

Melanie: Der Aszendent als das Selbstbild wurde hier transformiert. Um diesem Beispiel zu folgen, falls Sie eine feste Vorstellung davon im Kopf gehabt hätten, dass dies ein innerer Prozess sein sollte, dann hätten Sie weniger gut mit den Dingen um sich herum umgehen können.

Teilnehmer: Darf ich noch etwas hinzufügen? Es ist, als hätte dieser Prozess zuerst auf anderen Ebenen stattgefunden, und das innere Erleben setzt erst jetzt ein, da ich mein Haus verkauft habe.

Melanie: Das ist ein Beispiel für Planeten, die angetickt werden, kurz nachdem der Transit über die Achse abgeschlossen ist. Man kann dafür auch einfach auf den ersten Spannungsaspekt schauen, der nach dem Transit über die Achse stattfindet.

Teilnehmer: Vorher habe ich mich gefühlt, als würde ich den Boden bereiten. Und das Wort »Zwang« trifft es sehr gut. Man wird in eine Welt geschubst, die man nicht erwartet.

Melanie: Ja. Wenn die Hauptachsen betroffen sind scheint es, als würde man in etwas hineingeboren.

Eine geführte innere Reise

Einleitung

Zur Abwechslung möchte ich nun mit Ihnen eine geführte innere Reise unternehmen. Zuerst wüsste ich allerdings gern, ob es irgendjemanden hier gibt, der noch nie eine gemacht hat. Einige? Okay, dann will ich es kurz erklären. Ich mache gleich eine halbgeführte Reise mit Ihnen. Das ist so, als würden Sie in einer Fantasiegeschichte mitspielen, die auf dem basiert, was wir uns gemeinsam über die Hauptachsen erarbeitet haben.

Zuerst spreche ich Ihnen eine ganz einfache Entspannungsübung vor. Es wird eine Übung im Sitzen sein, die wir aber mit geschlossenen Augen durchführen. Dann geleite ich Sie durch die Fantasiereise. Bei dieser Art von Übung ist es sehr wichtig, nichts zu erzwingen. Es gibt hier kein »richtig« oder »falsch«. Erlauben Sie einfach meinen Worten, den Bildern und den Metaphern, eine Art von Behältnis für Ihre Erfahrungen zu werden, die aus Ihrem Inneren in Form von Bildern, Eindrücken, Gedanken und Gefühlen entstehen.

Und bedenken Sie bitte, dass bildliche Vorstellung nicht notwendigerweise so ist, dass wir hinter geschlossenen Lidern Technicolorbilder sehen. Nur sehr wenige Menschen sehen Bilder auf diese Art und Weise. Viel häufiger ist es eine Empfindung, ein vorbeihuschender Gedanke oder eine Erinnerung, die Ihnen wieder ins Gedächtnis kommt. Es kann auch eine ganz physische Sinneswahrnehmung sein. Ignorieren Sie diese Signale nicht, und denken Sie daran, was immer auch passiert, Sie können bei dieser Übung nicht versagen! Es ist einfach nur eine Gelegenheit zu sehen, wie Ihr inneres Erleben auf die Bilder und die Geschichte, durch die ich Sie führe, reagiert. Also lassen Sie einfach die Erfahrung zu, und geben Sie ihr Raum, sich zu entwickeln, so wie sie es möchten.

Ich werde Sie durch die ganze Übung sprachlich begleiten, und lasse Ihnen direkt am Anschluss etwas Zeit und möchte Sie dazu ermuntern, so viele Details wie möglich aufzuschreiben. Wenn man geführte Reisen macht oder irgendeine andere Übung bei geschlossenen Augen, dann kommt einem während der Übung alles absolut klar vor. Wenn Sie heute Abend aber nach Hause kommen, dann merken Sie vielleicht, dass Sie sich an nichts mehr erinnern können, und das kann frustrierend sein. Oder Sie driften wieder etwas ab und denken, »Ach ja, ich dachte an einen Baum … Naja, das kann ja nicht so bedeutsam sein.« Und verwerfen den Gedanken vielleicht wieder. Später erhaschen Sie vielleicht einen flüchtigen Blick auf eine wichtige Bedeutung, bekommen ihn unter Umständen aber nicht mehr richtig zu fassen!

Denken Sie an diese Übung als eine Art, Zugang zu Ihrem heiligen Raum zu erhalten, und vertrauen Sie darauf, dass das, was dort drinnen geschieht, genau das ist, was zu dieser Zeit an diesem Ort, jetzt und hier, geschehen soll. Wenn die Struktur der Übung für Sie keinen Sinn ergibt, ganz egal – nehmen Sie sich einfach die Zeit für sich in Ihrem heiligen Raum, aber bleiben Sie aufmerksam und eingestimmt. Halten Sie Ihre inneren Sinne wach. Um sich aus dem Erleben zu jeder beliebigen Zeit zurückzuziehen, müssen Sie einfach nur langsam die Augen öffnen und darauf achten, Ihre Nachbarn nicht zu stören. Keiner sollte aufstehen und hinausgehen, bevor die Übung zu Ende ist.

Die Übung[21]

Ich schlage vor, sich mit ungekreuzten Beinen zu setzen. Stellen Sie Ihre Füße fest auf den Boden und machen Sie es sich so bequem wie möglich. Für einige heißt das vielleicht, sich zurückzulehnen, andere möchten eventuell lieber aufrecht sitzen. So oder so, beruhigen Sie Ihre Gefühle so weit wie eben möglich, und fangen Sie jetzt an, sich auf die Reise zu begeben, indem Sie sich Ihres Atems bewusst werdet.

Ich werde nun in der »Du-Form« weitermachen:
Spüre das Gewicht deines Körpers auf dem Stuhl und fang an, alle Bereiche deines Rückgrats, in denen sich heute im Laufe des Tages durch die Konzentration Druck oder Anspannung angesammelt haben, zu lösen. Gestatte dir, sanft ein paar tiefe Atemzüge zu nehmen und dich stärker auf das Ausatmen zu konzentrieren, indem du dir dafür mehr Zeit lässt.

Atme weiter und weiter aus ... Atme alle restliche Anstrengung und Konzentration aus. Lass dich in eine bequeme und entspannte Position in deinem Stuhl sinken. Wenn du möchtest, triff nun die Entscheidung, jetzt bei dir selbst in deinem inneren heiligen Raum zu sein. Wende deine Aufmerksamkeit nach innen.

Genieß einfach nur die Erfahrung, mitten in deinem eigenen heiligen Raum zu sitzen.

Wenn du magst, stell dir jetzt bitte vor, dass du in einen leichten Schlaf fällst, einen angenehmen, dösenden Schlaf, der dich an warme Sommernachmittage oder -abende erinnert. Du fällst also in einen leichten Schlaf, in eine Art Tagtraum, und sobald du aus diesem Tagtraum erwachst, stellst du fest, dass du dich zwar immer noch an derselben Stelle befindest, aber es ist nicht mehr der gleiche Ort. Du befindest dich jetzt in einer magischen Landschaft, die jenseits der Welt der Formen liegt. Du bemerkst, dass du in dieser magischen Landschaft in der Mitte von etwas sitzt, das fast wie eine Kreuzung aussieht. Es gibt vier Wege, die von deinem Sitzplatz aus wegführen.

Im Moment kannst du nicht sehen, was am Ende eines jeden

dieser Wege liegen könnte. Aber du weißt irgendwie, dass am Ende jedes Weges eine Art Tor, eine Tür oder ein sonst wie gearteter Eingang ist. Jetzt wartest du dort in der Mitte der Wegkreuzung, und bald wirst du ein Empfinden dafür bekommen, dass eine der vier Richtungen nach dir ruft, fast so, als würde etwas Unsichtbares dich am Ärmel zupfen oder ein Energiestrom dich auf diesen Weg ziehen. Wie auch immer dich das Signal erreicht, erlaube dir jetzt, auf einen dieser Wege gerufen zu werden.

Und wenn du dich dazu entschließt, stell dir einfach nur vor, wie du diesen Weg entlanggehst, diesen Weg, der dich gerufen hat, der dich für seine heutige Erkundung ausgewählt hat.

Während du den Weg entlanggehst, merk dir einfach alles, was dir unterwegs begegnet, zu welcher Art von Gelände er führt, wie das Wetter ist, andere Menschen, die du vielleicht unterwegs triffst.

Merk dir auch, was du fühlst. Welche Emotionen begleiten dich auf deinem Weg?

Dann siehst du in einer gewissen Entfernung eine Behausung. Nimm einfach das, was dir in den Sinn kommt. Diese Behausung könnte alles sein, von einem Schloss bis zu einer Höhle, ein Loch in der Erde. Gestatte der Form der Behausung, sich dir zu offenbaren. Wenn du vor dem Eingang dieser Unterkunft ankommst, verschaff dir einen klaren Eindruck von diesem Ort. Vielleicht ist es ja gar keine Unterkunft für Menschen, vielleicht ist es einfach nur ein Ort in der Natur.

Aber es hat auf jeden Fall einen Eingang, und du wartest jetzt vor diesem Eingang und merkst dir, wie er aussieht. Schließlich tritt jemand aus dem Eingang des Ortes, den du gleich besichtigen wirst, was auch immer es ist, wie auch immer es aussieht. Jemand kommt und nimmt dich mit hinein.

Ein Mensch, der so etwas wie ein Führer für diesen Ort ist, führt dich durch den Eingang in den Ort hinein. Es kann drinnen sein oder draußen, was immer es sein mag – nimm einfach das an, was kommt.

Während du dort entlanggehst, kannst du deinen Begleiter

fragen, wer er ist und was es ist, was er dir zeigen möchte, wenn diese Frage jetzt passend erscheint. Dann warte auf die Antwort, die vielleicht in Form von Worten kommt oder auch auf andere Art und Weise. Hier ist ein Führer für dich, ein Führer in dieses Gebiet, und du hast jetzt die Chance, diesen Führer ein wenig näher kennen zu lernen, und auch zu erfahren, ob es irgendetwas gibt, was du zurzeit wissen solltest.

Während du mit deinem Führer spazieren gehst, sei aufmerksam für alle Details. Bist du drinnen oder draußen? Sei dir möglicher Gegenstände, Pflanzen oder anderer Menschen und Tiere bewusst, die vielleicht auch dort sind, und halte die Kommunikationsverbindung mit deinem Führer offen. Sei einfach nur offen.

Vielleicht möchtest du ihn fragen: »Warum hast du mich gerufen?« und auf die Antwort warten, wobei du weißt, dass sie in jeder möglichen Form kommen kann, vielleicht auch gar nicht direkt kommt. Wenn du willst, frag ihn, warum du an diesen Ort gerufen wurdest.

Bereite dich nun langsam auf die Rückreise vor. Schau dich ein letztes Mal um. Vielleicht ist da noch etwas, was du sehen solltest und bisher übersehen hast.

Wirf jetzt einen letzten Blick auf alles, und während du mit deinem Führer in Richtung des Eingangs zurückgehst, überlege dir, was du ihm gern zum Geschenk machen würdest. Was auch immer du ihm schenken möchtest, du wirst es bei dir haben. Vielleicht hattest du es nur vergessen oder es materialisiert sich in dem Augenblick, wo du es brauchst. Du hast es. Es kann ein gegenständliches oder ein geistiges Geschenk sein.

Aber jetzt bedanke dich bei deinem Führer für alles, was du zu sehen bekommen hast, sowie für eure Gespräche und euren Austausch und gib ihm dein Geschenk. Er oder sie gibt dir ebenfalls ein kleines Geschenk, dass du mit durch den Ausgang zurück in die andere Welt nehmen kannst. Gestatte dir jetzt, das Geschenk anzunehmen.

Schau, wie du dich fühlst. Lass das Geschenk vor deinem

inneren Auge klar werden, so dass du dich leicht daran erinnern kannst und es mit dir nehmen kannst, wenn du es möchtest.

Du kommst jetzt mit deinem Führer zum Ausgang, von wo aus du deine Reise zu dem Kreuzungsplatz zurück alleine fortsetzen wirst. Ihr sagt euch Lebewohl. Du drückst deine Dankbarkeit aus und gehst dann durch den Ausgang, den Weg zurück bis zur Mitte der Kreuzung, wo du zu Beginn gesessen hast, und du setzt dich noch einmal mitten auf diese Kreuzung, und du trägst immer noch dein kleines Geschenk bei dir.

Setz dich hin, zentriere dich auf dem Boden, auf der Erde, fühle den Himmel über dir, und beginne in deiner eigenen Zeit, den Übergang von diesem magischen, heiligen Ort zurück in diesen Raum, in das Hier und Jetzt, anzutreten. Vielleicht hilft es dir dabei, dich auf dein Gewicht zu konzentrieren, das dich auf den Stuhl drückt, oder dir deines Atems bewusst zu werden und dann ganz langsam wieder auf die Geräusche um dich herum zu achten. Werde dir deiner Nachbarn bewusst. Orientiere dich langsam wieder neu, zuerst mit deinem körperlichen Empfinden, indem du den Stuhl unter dir spürst, dann mit deinen Ohren, indem du die Geräusche wieder wahrnimmst. Dann, wenn du dazu bereit bist, öffne langsam die Augen. Ich würde vorschlagen, dass du sie erst nur halb öffnest und dir in diesem Dämmerlicht dann die Zeit zugestehst, über deine Erlebnisse zu schreiben. Schau, ob du den Faden des Erlebten spinnen kannst, während du schreibst.

Aufarbeitung

Melanie: Gibt es jemanden, der seine Reise gerne mit uns teilen würde?

Teilnehmer: Ich habe ein Bild gesehen, das ich nicht richtig verstehe.

Melanie: Zu Beginn noch eine allgemeine Bemerkung – bei geführten inneren Reisen kommt es nicht darauf an, ob man sie versteht oder nicht. Es ist eine Art, sich mit der inneren Welt der Psyche in Verbindung zu setzen, die häufig auf Wegen zu uns spricht, die der rationale Verstand nicht begreift. Vielleicht verstehen Sie es in zwei Tagen, zwei Monaten oder in zwei Jahren, vielleicht auch nicht. Sich auf den Prozess als solchen einzulassen, ist schon die halbe Miete, denn es geht einiges in unserem Unbewussten vor, das uns niemals bewusst wird.

Ich erinnere mich nicht wörtlich an das Zitat, aber Jung sagte einmal so etwas wie, dass man vergisst, dass das Unbewusste unbewusst ist und auch immer sein wird, weil es da immer noch mehr gibt! Es hat kein Ende. Das ist eine große Beruhigung, vor allem, wenn man jemand ist, der immer alles verstehen muss, und man dann ein Bild in sich trägt, das man überhaupt nicht versteht.

Auf dieser Reise, in der man in dieses magische andere Reich gelangt und sich selbst auf einer Kreuzung wiederfindet, sind die vier Wege natürlich die Hauptachsen. Vielleicht stellen Sie also fest, dass der Weg, auf den Sie gerufen wurden, tatsächlich mit einem Ihrer kardinalen Häuser übereinstimmt. Können Sie uns ein paar astrologische Daten geben, damit wir genügend Hintergrund für Ihre Erfahrung haben?

Teilnehmer: Ich habe eine Stier-Sonne im 7. Haus und Löwe am MC. Ich bin nach oben gegangen.

Melanie: Das heißt, Sie sind zur Löwe-Himmelsmitte, dem Ort Ihrer Sonne gegangen, die im Stier in Konjunktion zum Deszendenten im Widder steht.

Teilnehmer: Ich habe Saturn auf der einen Seite des MC und Pluto und Mars auf der anderen.

Melanie: Stehen sie alle im Löwen?

Teilnehmer: Nein, Saturn befindet sich im Krebs, die anderen beiden im Löwen.

Melanie: Können Sie uns ein wenig über die Reise berichten und was Ihnen passiert ist?

Teilnehmer: Es beginnt bereits auf dem Weg, einem sehr trockenen und staubigen Weg, der bergauf führt.

Melanie: Darf ich Ihre Erzählung währenddessen kommentieren? Es geht bergauf – zum Haus von Saturn, dem MC. Es ist ein anstrengender Aufstieg und es ist heiß und trocken. Das ist Feuer – eine Löwe-Himmelsmitte.

Teilnehmer: Auf der anderen Seite des Hügels steht ein Gebäude, wie ein Farmhaus, aber dann merke ich, dass es moderner ist.

Melanie: Gebäude (Saturn), Farmhaus (Krebs) ... Aber dann merken Sie, dass es moderner ist.

Teilnehmer: Ja. Es hat große Fenster, durch die man ganz durch das Gebäude durch und am anderen Ende wieder hinausschauen kann.

Melanie: Erst vor kurzem hatten Sie Uranus im Transit in Opposition zu Saturn, und Neptun folgt auch bald, ist fast schon da. Aber im Zusammenhang mit Ihrem Horoskop, womit würden Sie das in Verbindung bringen? Dieses Bild hat etwas Uranisches oder Joviales. Da ist ein Element von Vision, Transparenz, Raum und Perspektive. Woher kommt das? Der Jupiter in Ihrem Horoskop steht genau auf dem Aszendenten und im Aspekt zu Saturn. Also ist da als erstes ein großes Gebäude, recht geräumig und moderner als Sie zuerst gedacht haben.

Teilnehmer: Ich habe keine Ahnung, wozu es gut ist. Ich glaube nicht, dass es ein Farmhaus ist, so sieht es eigentlich nicht aus.

Melanie: Können Sie das Horoskop sprechen hören? »Ich habe keine Ahnung, wozu es gut ist.« – Saturn im 9. Haus. Sie dachten, es sei ein Farmhaus. Das 9. Haus wird mundan von Jupiter beherrscht, der bei Ihnen am Aszendenten steht.

Teilnehmer: Schließlich kommt ein junger Mann an die Tür, in Jeans und T-Shirt, und er sieht aus wie ein junger Gerry Adams.

Melanie: Wie verhält er sich?

Teilnehmer: Total neutral. Er ist undurchschaubar, ganz nett, aber die ganze Zeit über, bis zum Ende, nicht zu durchschauen.

Melanie: Wie ist das für eine Mars/Pluto-Person? Bei Mars-Pluto denken wir an Explosion und Gewalt, weil die meisten von uns zuviel Zeitung lesen! Aber was man auf einer persönlichen Ebene wesentlich häufiger trifft, ist ein Gefühl von angestauter Energie und Intensität, bei dem die meiste Zeit über nichts sichtbar ist, aber eine Menge unter der Oberfläche vor sich geht. Wie würden Sie Gerry Adams sonst noch beschreiben?

Teilnehmer: Bedrohlich.

Melanie: Potenziell explosiv, potenziell gefährlich. Aber wie Sie sagen, auch undurchsichtig, nicht aggressiv oder beängstigend. Das ist absolut plutonisch.

Teilnehmer: Er hat ein öffentlich bekanntes Gesicht.

Melanie: So wie auch die Himmelsmitte das bekannte Gesicht ist. Was passierte dann?

Teilnehmer: Er führt mich durch einen Flur zu einem Spieleraum. Ich denke: »Und jetzt? Was tue ich hier?« und ich frage ihn, warum? Doch er zuckt nur mit den Schultern, nicht unfreundlich, aber so, als sei es nicht seine Aufgabe, mir das zu sagen. Seine Aufgabe ist einfach nur, mich rumzuführen. Ich verstehe jetzt, dass er meine Fragen aus diesem Grund nicht beantwortet hat. Dann gehen wir ein paar Stufen nach unten und landen in enormer Höhe auf kleinen Plattformen, wie Baumhäusern.

Melanie: Das heißt, Sie gehen runter, obwohl Sie immer noch hoch oben sind.

Teilnehmer: Ja, sehr hoch oben. Und es dauert Ewigkeiten, wieder nach unten zu kommen. Als wir das tun, bin ich auf einmal mitten drin. Einen Moment lang bin ich noch hoch oben und im nächsten schon auf dem Boden. Es ist eher üppig dort, aber nicht wahnsinnig tropisch, mit einem breiten, seichten Fluss. Wunderschön, friedlich und sehr grün.

Melanie: Der Deszendent ist im Widder und die Sonne steht im Stier. Merkur befindet sich auch im Widder, direkt am Deszendenten, also werden sowohl der Deszendent als auch Merkur von Mars beherrscht. Es macht ihn irgendwie interessant, dass er Ihnen nicht direkt dabei behilflich ist, die Vorgänge zu verstehen. Er zuckt nur mit den Schultern und sagt, dass er einfach nur seinen Job tut, der darin besteht, Sie herumzuführen. Denken Sie daran, an der Himmelsmitte geht es um Autorität und Machtfragen. Vielleicht ist seine Haltung von Bedeutung. Vielleicht sagt er: »Also, ich bin eigentlich nicht dafür zuständig, dir das zu zeigen.« oder: »Wie kann ich dir dabei behilflich sein? Warum gerade ich?«

Teilnehmer: Ja, es ging mehr in diese Richtung. Er war nicht unfreundlich. Es war mehr so, als zeigte er mir, dass es meine Sache war. Ich hatte mich schließlich dazu entschlossen, dorthin zu gehen.

Melanie: Wenn Sie jetzt darüber nachdenken, wie deuten Sie das?

Teilnehmer: Nun, ich würde gern verstehen, was mir das sagen wollte. Ich schwimme da total.

Melanie: Dann erzählen Sie vielleicht mal weiter. Wie sind Sie wieder zurückgekommen?

Teilnehmer: Wir mussten nicht den gleichen Weg zurückgehen, sondern sind hinten um das Gelände herumgegangen. Obwohl wir all diese Stufen runtergegangen waren, konnten wir einfach hinten herum zurückgehen. Ich musste also nicht alle Stufen wieder hochklettern, ich war einfach auf einmal da.

Melanie: Es gibt noch zwei weitere Dinge, die ich gern erwähnen möchte. Zum einen die Tatsache, dass das MC auf der Elternachse liegt und im Allgemeinen für unsere Mutter steht. Diese Szene zeigt Ihnen vielleicht Überreste, die zu Ihrer Beziehung mit Ihrer Mutter gehören, und die eventuell Ihre Einstellung zum Beruf, zu Erfolg in der Welt, zu Autorität usw. geprägt haben. Das zweite, was mir dazu einfällt, ist, dass vielleicht in der Antwort selbst die Lehre liegt. Mit anderen Worten, vielleicht legt seine Art so etwas nahe wie: »Du kennst die Antworten doch selbst, überlass das niemand anderem.«

Teilnehmer: Geben Sie Ihre Autorität an niemanden ab!

Melanie: Genau. Die Fragen zum MC drehen sich um Autoritätsthemen. Wenn dieser Bereich sehr beladen ist, dann ist es ein

Großteil der Aufgabe, hier zu einer Balance zu kommen, weil es leicht ist, sich entweder zu viel zuzumuten oder auch Wege zu suchen, um den Autoritätsdruck an jemand anderen abzugeben.

Teilnehmer: Dieser Pluto-Mars fühlt sich an, als hätte mich jemand im Schwitzkasten. Es ist so, als würde man mich wieder runterdrücken, sobald ich nach oben zu kommen versuche, und als würde ich ohnehin niedergetrampelt, wenn ich es nicht versuche.

Melanie: Das ist ein Teil der Lebensschleife, die man mit Pluto zieht. Wo immer er auch steht, kann es sein, dass wir Erfahrungen des »In-die-Mangel-Genommen-Werdens« machen, weil es keinen anderen Weg hindurch gibt, außer den der Transformation, der Hingabe an das Unbekannte. Da Saturn beteiligt ist, könnten Sie jetzt sagen: »Ja, aber mir ist das wirklich passiert in meinem Leben, ich weiß, dass es tatsächlich so ist.« Ich würde nicht eine Sekunde lang daran zweifeln, aber ich würde auch sagen, dass Sie erst wirklich im Transformationsprozess stecken, wenn Sie genau wissen, wo Sie überhaupt in die Mangel genommen werden.

Teilnehmer: Es kommt mir so neblig vor. Ich kann keinen Schlüssel dafür finden.

Melanie: Nun, mit Mars und Pluto Anfang Löwe werden Sie sehr bald Uranus-Transite in Opposition dazu erleben. Vielleicht liefern sie Ihnen den Schlüssel, den Sie suchen! Da dieser Transit aus dem 4. Haus herauskommt, und Neptun auch auf dem Fuße folgt, zurzeit in Opposition zu Ihrem Saturn im 9. Haus, ist es vielleicht nicht überraschend, dass Ihnen das im Moment alles etwas neblig vorkommt. Neptun sorgt für den Nebel im Hintergrund, wie das Trockeneis auf der Bühne. Wir haben hier auch das Thema der Perspektive und der Vision. Denken Sie an Ihr Haus mit den Fenstern. Wenn wir die nahenden Transite von Uranus im Wassermann zu Ihrem Mars und Pluto miteinbeziehen, und Sie nochmals an Gerry Adams denken, könnte es dann sein, dass er auch eine gewisse Distanziertheit verkörpert und ausstrahlt? Etwas, das Sie brauchen, damit diese Energien sich bewegen können? Das ist unser Rüstzeug für Uranus-Transite. Es gibt etwas, wovon wir uns distanzieren müssen, etwas, das zu einengend wurde. Es ist, als würde der Transit sagen: »Gib es auf, hör auf, geh weiter, du musst dich davon distanzieren.« Was machen Sie aus dem Teil, indem es klar ist, dass Sie die vielen Stufen nicht mehr zurück raufklettern müssen, sondern Sie auf einmal da sind? Das ist ein sehr interessantes Ende.

Teilnehmer: Ich fange an zu verstehen, dass mir vielleicht manchmal mein eigenes Ringen um Verständnis im Wege steht. Vielleicht wird es bei diesen Transiten darum gehen, in etwas zu vertrauen, von dem ich nicht weiß, dass ich es weiß! Und manchmal wird es vielleicht auch um mein persönliches Autoritätsempfinden gehen.

Melanie: Saturn im 9. Haus – das Ringen um Verständnis! Vielleicht ist Neptuns Nebel die Begleitung zur Auflösung Ihrer eingefleischten Glaubenssätze über Ihr eigenes Wissen – er befindet sich im Transit gerade in Opposition zu Saturn im 9. Haus. Vielleicht können Sie lernen, »dorthin zu kommen«, ohne so zu ringen, und einfach darauf vertrauen, dass sich die Bedeutung zeigen wird, dass etwas in Ihnen schon darum weiß. Danke, dass Sie das mit uns gemeinsam untersucht haben. Möchte sonst noch jemand von seiner Reise erzählen?

Teilnehmer: Ja, ich. Ich wusste, dass da eine Kreuzung sein würde. Ich bin zu einem wunderschönen, kleinen weißen Haus gekommen. Ich war weit weg, aber da war ein kleines Lamm, das getötet wurde, glaube ich.

Melanie: Ich erwähne jetzt direkt ein paar Punkte, damit Sie den astrologischen Bezug zu diesem Bild bekommen. Steinbock steht am MC und Widder am Aszendenten. »Weit weg«, vor ein paar Jahren, sind Uranus und Neptun beide über das MC auf 13° Steinbock gelaufen. Solche intensiven Transite können sich sehr gut so angefühlt haben, als wäre aus dem starken Steinbock ein Opferlamm geworden, und das Bild passt auch zum Zeichen Widder. Das heißt, Ihre Bilder sind jetzt schon sehr stark an diesen beiden kardinalen Häusern verankert. Aber da ist auch noch etwas Unmittelbares, wenn Sie mal Ihre Transite von heute betrachten. Ihr Radix-Chiron steht auf 23°18' Steinbock im 10. Haus und Ihr Radix-Jupiter auf 23°36' Krebs im 4. Haus, eine sehr genaue Opposition. Und heute morgen, als wir angefangen haben, stand Mars auf 23°39' Widder, war kurz zuvor über Ihren Aszendenten gelaufen und hat während der letzten Stunden exakte Quadrate zu dieser Achse gebildet. Was glauben Sie, zu welcher der Hauptachsen Sie gegangen sind, von denen drei jetzt schon eine Rolle spielen?

Teilnehmer: Ich denke, erst zum IC, dann kam ich hoch zum MC, und das war ein anderes Haus. Es war aus Stein, länglich, ohne Türen. Die Fenster waren ohne Glas, sehr dunkel, und ich wusste, dass ich durch die Fenster hinein musste. Auf einmal merkte ich, dass es sich um ein Raumschiff handelte. Es war aber niemand drin und ich hatte keine Angst. Ich habe sehr lange die Mauern angefasst, die Steinwände. Sie waren sehr solide. Irgendetwas hat mich geführt. Ich fragte: »Was willst du von mir?« und es kam die Antwort: »Wir möchten dich hier wegholen.« Ich fragte: »Wer seid ihr?«, aber sie zeigten sich nicht. Ich dachte: »Na, die sind ja wie Zwerge.« Dann sagte ich: »Also, ich muss jetzt gehen«, worauf sie antworteten: »Du kannst nicht gehen.« Meine Entgegnung war: »Nun, dann fliege ich eben zurück«, und daraufhin verwandelten sie sich in Monster.

Melanie: Und dann?

Teilnehmer: Das Ganze verwandelte sich in schwarze Mäuler. Schwarze Löcher. Ich hatte keine Angst, aber mir war körperlich schlecht, so als würde ich sterben. Ich musste mit meinem Rücken zu ihnen fliegen, um dorthin zurückzukommen, wo ich vorher war, auf die grüne Wiese. Ich gab ihnen einen kleinen weißen Kieselstein und ein weißes Gänseblümchen, auch für meine Tochter. Daraufhin sagten sie, sie würden mir auch etwas geben und berührten mich am Arm. Sie banden mir ein blaues Band um, das mir Kraft geben sollte. Danach fühlte es sich schrecklich an, wieder zurückzukommen.

Melanie: Wenn ich Ihnen so zuhöre, dann sticht vor allem die Energie von Uranus sehr heraus.

Teilnehmer: Ja, an einem Punkt während dieser Erfahrung dachte ich das auch.

Melanie: Schauen wir uns nochmals Jupiter-Uranus-Chiron an, die Achse, die heute ganz exakt stimuliert wird. Selbst im Zeichen Krebs ist Jupiter-Uranus eine Hochspannungskombination und kann sich in extrem gespannten Gefühlen bemerkbar machen. Uranus ist der Planet der Elektrizität, des Schocks, des Unerwarteten, Fremden, Unbekannten. Sie haben sogar Weltraumbilder gesehen. Ein Raumschiff, seltsame Wesen, unbekannte Energie. Es ist noch nicht lange her, dass Uranus im Transit in Opposition zu Ihrem eigenen Uranus stand, und zurzeit befindet sich Neptun an dieser Stelle. Anders ausgedrückt, haben Sie eine starke Stimulierung durch den Transit-Uranus zu Ihrem eigenen Uranus erlebt sowie starke Energien der Veränderung, die sich eine lange Zeit im Steinbock aufhielten, in Konjunktion zu Ihrem MC und seit kurzem auch zu Ihrem Chiron.

Das liegt zwar schon ein paar Jahre zurück, aber wo immer wir Steinbock im Horoskop haben, mögen wir eigentlich keine Veränderungen, selbst wenn wir wissen, dass es besser wäre. Wir alle haben viele Jahre lang starke Transite im Steinbock-Bereich unseres Horoskops erlebt, weil Uranus und Neptun sich dort aufhielten, zuweilen zusammen mit anderen Begleitern. Wenn Steinbock am MC steht, dann ist er dort wirklich exponiert und verletzlich und tut sich schwer, mit den Veränderungen zu fließen. Steinbock geht dann eher in den »Bewältigungsmodus« und reibt sich auf oder verspannt sich und zerbricht daran. Jetzt löst sich die Spannung langsam, da sich die Transitabfolge über Ihre Hauptachsen und die Planeten im Steinbock langsam dem Ende zu neigt.

Ich könnte mir vorstellen, dass Sie aufgestaute Anspannung loslassen, und auch eine Einführung in etwas Fremdes, Seltsames und Unbekanntest erfahren. Ihr Radix-Uranus steht im 4.

Haus mit Jupiter, und das könnte die Bewusstseinsveränderung widerspiegeln, die Sie gerade erleben, jetzt wo etwas von dem äußeren Druck langsam weicht. All die Steinbock-Aktivitäten waren öffentlich, exponiert, aber das könnte jetzt dafür sorgen, dass all das nach Hause gebracht wird, ins 4. Haus, den privaten Ort in Ihnen selbst. Dorthin sind Sie ja auch am Ende Ihrer inneren Reise zurückgekehrt.

Teilnehmer: Ich hatte während der Reise keine Angst, aber was ich gesehen habe, macht mir jetzt Angst.

Melanie: Ja, ich habe gemerkt, dass Sie mehrere Male gesagt haben, dass Sie keine Angst hatten. Ich weiß noch, dass ich dachte, wie tapfer Sie doch sind! Ich frage mich, ob Sie jetzt vielleicht langsam die Angst spüren, die Sie vorher nicht fühlen konnten, weil Sie ja weitergehen mussten. Angst ist eine der »normalen Reaktionen« von Saturn, und Angst zu empfinden und sie auch wieder loszulassen, kann ein sehr mächtiger Übergangsritus sein.

Um die Stellung Saturns herum oder auch um Steinbock-Planeten können wir Angst regelrecht »ansammeln«, und manchmal fühlen wir erst dann urplötzlich diese Angst, wenn der Druck nachlässt und sich die Dinge etwas beruhigen. Während alles passiert, kann man zu erschrocken sein, um die Angst überhaupt zu fühlen, das heißt man registriert sie nicht einmal, denn wann man das täte, könnte man die Situation nicht bewältigen. Wenn man sie dann besser empfinden kann, wenn sich die Dinge etwas beruhigen, dann kann unglaubliche Angst in einem hochsteigen. Ich habe das immer wieder beobachtet. Ergibt das für Sie einen Sinn?

Teilnehmer: Ja, es fühlt sich tatsächlich an wie etwas Vergangenes, das ich jetzt irgendwie wieder erfahre.

Melanie: Außerdem steht Ihr Saturn im Skorpion, in Konjunktion zu Ihrer Venus im 7. Haus. Wenn wir an Saturn als unsere Art der Selbstverteidigung gegen Angst denken, und Saturn im Skorpion befindet sich in einem fixen Zeichen, dann wird dieser Saturn nicht hysterisch vor Angst. Er verhält sich erst einmal tapfer, folgt dem Überlebensinstinkt und geht dann erst in Angst und Schrecken über, was Sie gerade erlebt haben. Das ist der Prototyp einer Reaktion mit Saturn im Skorpion, außer, dass er nicht immer bis zu den tiefen Angstgefühlen der Vernichtung vordringt, was das Terrain des Skorpions ist. Wenn Sie können, dann würde ich Ihnen vorschlagen, dass Sie sich heute Abend noch etwas Zeit dafür nehmen. Drücken Sie die Angst nicht weg, aber Sie müssen sie auch nicht steigern. Schauen Sie mal, ob Sie einfach mit der Angst dasitzen und sich hindurch atmen können.

Teilnehmer: Ich will einfach nur weinen.

Melanie: Sind Sie ein Mensch, der leicht weint?

Teilnehmer: Nein, eigentlich nicht. Ich denke immer, ich sollte, weil ich den Mond in Fische im 12. Haus habe. Aber es ist für mich leichter, das Leiden anderer Menschen zu spüren und zu beweinen als mein eigenes. Ich versuche die meiste Zeit, stark zu bleiben, für ziemlich viele Leute, meine Familie und auch andere Menschen.

Melanie: Vielleicht ist es das, was Sie tun müssen, wie ein Loslassen von Energie. Weinen kann der Ausdruck von vielen verschiedenen Dingen sein, und Sie mögen jetzt gerade die Befreiung von einer Spannung erleben, die sich über viele Jahre angesammelt hat. Denken Sie auch daran, dass sich Ihr Mond Anfang Fische befindet, also steht Pluto gerade im Quadrat dazu, und das kann ausschlaggebend dafür sein, Ihnen beim Auflösen alter Ängste zu helfen.

Teilnehmer: Ich hatte so etwas noch nie – ich meine, so viele Bilder.

Melanie: Die Übung hat vielleicht einen Teil Energie auf einer mentalen Ebene freigesetzt, was Ihren Gefühlen jetzt einen gewissen Raum erlaubt. Wenn Sie sich das Horoskop von heute nochmals anschauen, dann sehen Sie, dass mehrere Planeten Ihren Neptun aspektieren, also kein Wunder, dass Ihre Vorstellungskraft so angeregt war! Der Mond steht in Krebs, in Opposition zu Ihrem Neptun, und Jupiter und der transitierende

Neptun stehen im Quadrat dazu. Dann haben wir noch Mars, den ich schon erwähnt habe. Und die Mondknotenachse ist auch erst vor kurzem über Ihre AC-DC-Achse gelaufen, mit dem transitierenden Südknoten im Widder.

Teilnehmer: Es fühlt sich tatsächlich wie ein Neuanfang an, aber ich bin nicht gut darin, die Vergangenheit ziehen zu lassen. Mein Jupiter und mein Uranus stehen zwar nicht in Konjunktion zum IC, aber als ich ein Teenager war, haben wir unser Zuhause und unser Land verlassen und sind nach England gezogen. Wir haben alles zurückgelassen. Es war eine vollständige, totale Veränderung, auch die Sprache. Es war sehr schwierig für meine Mutter, und auch ich wurde sehr früh Mutter, obwohl ich noch gar kein Kind wollte. Ich habe es geschafft, aber es war schwer. Jetzt, wo ich sehe, dass es ihr gut geht, fühle ich mich so erleichtert.

Melanie: Ich danke Ihnen, dass Sie uns Ihre Erlebnisse mitgeteilt haben. Ich sehe gerade, dass wir uns in Windeseile dem Ende dieses Tages nähern, und von daher würde ich mich gern bei Ihnen allen dafür bedanken, dass Sie so rege mitgearbeitet haben. Vielen Dank auch für Ihre Fragen und Anregungen. Außerdem hoffe ich, dass Sie aus Ihren Erlebnissen während der Gedankenreise noch weiteren Nutzen ziehen werden. Vielen Dank!

Über die Autorin

Melanie Reinhart wurde in Zimbabwe geboren. Sie studierte Englisch, Musik und Drama (B.A.) und ist seit 1975 professionelle Astrologin. Sie ist Inhaberin eines Diploms mit Auszeichnung der Faculty of Astrological Studies und hat Ausbildungen in verschiedenen humanistischen Therapien.

Melanie Reinhart lebt in London und unterrichtet am Centre for Psychological Astrology und an der Faculty of Astrological Studies. Darüber hinaus hat sie an Tagungsorten in Großbritannien, Europa, Afrika, Australien und Neuseeland gearbeitet, astrologische Seminare abgehalten und Vorträge gegeben. Ihre Artikel erscheinen regelmäßig in allen großen astrologischen Zeitschriften. Sie ist Autorin der Bücher *Chiron and the Healing Journey* (London 1989, dt: Chiron: Heiler und Botschafter des Kosmos), *To the Edge and Beyond: Saturn, Chiron, Pholus and the Centaurs* (London 1996). Im Chiron Verlag ist von ihr 1999 das Buch *Die Mondknoten: das innere Gleichgewicht im Horoskop* erschienen. Sie hat Beiträge in den Anthologien *Modern South Africa in Search of a Soul* (Boston 1990) und *Wilderness and the Human Spirit* (Durban 1997) veröffentlicht.

Anmerkungen

1 Robin Whitlock, »Vision of the Sun King«, erschienen im Quest Magazine, Band 1, Ausgabe 3, S. 66. Der Haupteingang liegt häufig im Westen, wo das Taufbecken bei einem traditionellen achteckigen Grundriss liegt.

2 Nachzulesen z.B. in: Der Schlüssel zur Sphinx. Auf der Suche nach dem geheimen Ursprung der Zivilisation von Robert Bauval und Graham Hancock, München 1998. Dort geht es um die Ausrichtung der Großen Pyramide an den Sternen im Sternbild Orion, die Isis und Osiris repräsentieren sollen. Ein anderes bekanntes Beispiel ist die Ausrichtung von Stonehenge nach der Sonne und dem Mond.

3 Robin Whitlock, ebenda, S. 66. Siehe auch »The Sun« von Richard Moeschl, in der August-September Ausgabe von The Mountain Astrologer, S. 32 ff.

4 Dane Rudhyar. Das astrologische Häusersystem: Das Spektrum der individuellen Erfahrung. München 1981.

5 Der Leser ist ebenfalls aufgefordert, diese Übungen gemäß den Anweisungen im Text auszuführen, um das daraus entstehende Gefühl der Orientierung und Ausrichtung im Raum zu erleben. Im Seminar wurden die Übungen langsam und meditativ ausgeführt, um dem Körper Zeit zu lassen, die Ausrichtungsenergie zu erspüren, und um dem Verstand Zeit zu lassen, das gedankliche Modell dahinter zu verstehen.

6 Stanislav Grof. Geburt, Tod und Transzendenz: Neue Dimensionen in der Psychologie. Reinbek 1996.

7 Anmerkung der Übersetzerin: »What you see is what you get« heißt wörtlich »Man bekommt, was man sieht« und steht für die Tatsache, dass man bei modernen Softwareanwendungen am Computerbildschirm direkt sieht, was man als Druckergebnis erhält.

8 Vivian Robson. A Student's Textbook of Astrology. Mansfield o.J.

9 Melanie Reinhart. Die Mondknoten – Das innere Gleichgewicht im Horoskop. Mössingen 1999.

10 Aus: The Compact Latin Dictionary, zusammengestellt von D.P. Simpson, London 1963. Ein Dank an Sophia Young für ihre Frage danach.

11 Siehe Abb. 3, Seite 30.

12 Dane Rudhyar, siehe Fußnote 4, Seite 84.

13 Emanuel Swedenborg (1688-1772) gründete die Neue Jerusalemer Kirche, zu deren Gründung er durch eine Vision der Weltenvielfalt inspiriert wurde, womit er von der Hauptströmung des Christentums abwich. Sein Magnus Opus, die Arcana Coelestis, wurde 1787 ins Englische übersetzt. Selbst im 19. Jahrhundert gab es noch Wissenschaftler, die Theorien über die Existenz Außerirdischer Wesen entwickelten. Diese visionäre Dimension verschwand jedoch kontinuierlich aus dem, was die Allgemeinheit über die Konzepte solcher Menschen erfuhr.

14 Siehe Seite 21.

15 Antero Alli, Astrologik, Seattle, 1990, Seite 28.

16 Geoffrey Cornelius. The Moment of Astrology. London 1994.

17 Melanie Reinhart. To the Edge and Beyond, London, 1996, S. 184-191 sowie Nick Kollerstrom, Interface. Mansfield, S. 45 – 55.

18 Neil F. Michelsen. Tables of Planetary Phenomena. San Diego 1990.

19 Eine vollständige Erläuterung dieses Vorgangs finden Sie in: Erin Sullivan. Rückläufige Planeten – Aufbruch in die innere Landschaft. Wettswil 1993.

20 Anmerkung der Übersetzerin: »IC« wird im Englischen genauso gesprochen wie »I see«, was auf Deutsch »Ich sehe« heißt.

21 Falls Sie als Leser die Übung gerne mitmachen möchten, schlagen wir vor, dass Sie sich die Übung auf eine Kassette sprechen, die Sie sich dann in Ihrem eigenen Rhythmus anhören können, indem Sie die Pausetaste einsetzen. Da geführte Fantasiereisen sehr stark auf die rechte Gehirnhälfte und die intuitiven Funktionen einwirken, sollten Sie die Kassette nicht nebenbei beim Autofahren oder in anderen Situationen hören, bei denen vorwiegend die linke Gehirnhälfte (unsere logischen Fähigkeiten) gebraucht wird.

Standardwerke der Astrologie

MELANIE REINHART

Die Mondknoten

Das innere Gleichgewicht im Horoskop
162 Seiten, 15 Abbildungen, Broschur

ISBN 3-925100-41-5

Die Bahnen von Sonne und Mond über-
schneiden sich an zwei im Tierkreis ge-
genüberliegenden Stellen: den Mond-
knoten. Die Mondknoten bilden somit eine wichtige Achse im Horoskop. Eine häufig gestellte Frage lautet aber: wie soll man die
Mondknoten zuverlässig deuten? Meistens wird der südliche Mondknoten als Vergangenheit im persönlichen wie auch im karmischen
Sinne betrachtet und der Nordknoten als die Zukunft. Melanie Reinhart zeigt jedoch, daß dies nur eine eingeschränkte Sichtweise der
Mondknotenachse bedeutet. In den Mondknoten tauschen sich die
Prinzipien von Sonne, Mond und Erde aus. Die beiden Knoten er-
gänzen sich und schaffen so ein inneres Gleichgewicht.
Sie untersucht den rückläufigen Zyklus und zeigt dessen Bedeutung
als Weg zur inneren Balance. Gerade diese Sichtweise auf die Mond-
knoten als ein Faktor zum Ausgleich der Gegensätze zeichnet das
Buch besonders aus. Anhand leicht nachvollziehbarer Fallstudien er-
hält der Leser Anleitungen zur Deutung der Mondknoten und gelangt zu einem erweiterten Verständnis dieser wichtigen Achse im
Horoskop. Endlich ein Buch mit einer lebensnahen Auslegung der
Mondknotenachse.

CHIRON VERLAG

Standardwerke der Astrologie

BRIGITTE HERBST

Der Aszendent als Wegweiser

*Die persönliche Bestimmung
im Horoskop entdecken
192 Seiten, 15 Abbildungen, Broschur*

ISBN 3-925100-54-7

Der Aszendent zeigt auf einer tieferen Ebene das Kernthema Ihrer persönlichen Bestimmung an, das es im Zusammenspiel mit der Sonne zu entwickeln gilt. Oder bildhaft ausgedrückt: Die Sonne – unser Wesenskern – ist der Held, der eine individuelle Aufgabe zu erfüllen hat gemäß der Sonnenstellung in Haus, Zeichen und Aspekten. Der Aszendent jedoch verdeutlicht Ihnen anhand seines jeweiligen Zeichens den Weg, wie Sie dorthin gelangen. Um dies überhaupt zu erkennen, müssen Sie in der äußeren Welt viele Erfahrungen sammeln. Ein weiteres wichtiges Anliegen des Buches ist die Einführung in die Bilderwelt der Symbole und Mythen, denn diese helfen uns, größere Tiefe, inneren Reichtum und Bedeutung im Leben zu entdecken. Wenn Sie den Mythos Ihres Aszendenten und Ihrer Sonne verstanden und einigermaßen integriert haben, können Sie zwar nicht alle Sorgen und alles Leid ausschalten, aber Sie können mit ihnen besser umgehen und echte Zufriedenheit und wahre Freude empfinden.

Wir erfahren Grundsätzliches, lesen z.B. über den leiblichen Typus und die Persona, bestaunen vor allen Dingen die Beschreibung des AC-Kernthemas in den einzelnen Tierkreiszeichen, sinnvoll geordnet nach den Elementen Feuer, Erde, Luft und Wasser. Das ganze Buch überzeugt. merCur

CHIRON VERLAG

Standardwerke der Astrologie

ERNST OTT

Der Deszendent

Das Tor zur Partnerschaft im Horoskop
Broschur, 265 Seiten, 38 Abbildungen

ISBN 3-925100-43-1

Der Deszendent entspricht dem Westhori-
zont, an dem die Sonne untergeht. Gibt es
ein schöneres Bild für die Liebe als einen
romantischen Sonnenuntergang? Während der Aszendent unser
Selbstbild darlegt, ist der Deszendent das Symbol für unser Partnerbild. Mit der Himmelsrichtung Westen ist aber auch die Faszination
der Macht verknüpft, denn der Ort der untergehenden Sonne weckt
die Lust zu erobern. Zudem stehen wir am Deszendenten am Schei-
deweg, denn es stellt sich die Frage, ob und wieweit wir uns auf den
Partner einlassen wollen. Bei einer genauen Kenntnis des Deszendenten erfahren wir alles über die innere Bereitschaft zur Liebe.

- Warum fühlen wir uns zu einem bestimmten Menschen
  hingezogen?
- Was wollen wir in der Liebe erobern?
- Welche Machtspiele treten in der Beziehung auf?
- Was bedeutet es sich zu binden?
- An welche Grenzen geraten wir in einer Beziehung?

Der Leser erhält ausgiebige Beschreibungen des Deszendenten in den
Tierkreiszeichen, jeweils mit dem dazugehörigen Selbstbild und
Partnerbild. Anhand vieler Beispiele wird gezeigt, wie sie die Themen des Deszendenten entwickeln können. Wenn Sie besser verstehen wollen, was Ihnen begegnet und wenn Sie mit mehr Zufriedenheit lieben wollen, so können Sie von Deszendenten Ihres Horoskops viel Wichtiges dazu erfahren.

CHIRON VERLAG